Wovon träumst du, Filipa?

Dialog mit meiner Urenkelin

Frank Quilitzsch

Wovon träumst du, Filipa?

Dialog mit meiner Urenkelin

Verlag Tasten & Typen

Für Jan, Anya, Elena und Theresa

I DEPESCHEN AUS DER ZUKUNFT

II DIE ANTARKTISCHEN WÄLDER

ANHANG

I Depeschen aus der Zukunft

„Hallo, Great-Granddaddy!"

Plötzlich liegt die Mail in meinem Postfach. Ich zögere, denn „FilipaQ2057" sagt mir nichts. Oder doch? Öffne nie eine Nachricht, wenn du dem Absender nicht traust! Also löschen. Aber die Betreff-Zeile macht mich stutzig: „An meinen Urgroßvater" steht da.
Moment, denke ich, du hast noch nicht mal Enkel, und da will dir jemand weismachen, dass deine Urenkelin dir schreibt?
Filipa – das kann nur ein Scherz sein. Oder eine neue dreiste Betrugsmasche.
Gibt es jetzt schon den Urenkeltrick?
Meine Erfahrung rät: Lass die Finger davon! Das ist eine fiese Falle.
Filipa, widerspricht leise die Hoffnungsstimme in mir, was für ein schöner Name. Das „Q" gehört zu meinen Initialen, und auch die Zahl ist mir nicht unvertraut. Ich bin Jahrgang 1957.
FilipaQ2057 – anklicken oder löschen?
Ach, was kann schon passieren ...
Ich öffne die Mail.
„Hallo Great-Granddaddy, jetzt bist du baff – so sagt ihr doch, nicht wahr? Ich bin mir nicht sicher, ob dich meine Nachricht überhaupt erreicht. Ist ja ein weiter Weg. Bitte melde dich, wenn es geklappt hat.

E-Mail-Verkehr ist zwar mega-umständlich, tiefstes technisches Mittelalter, aber wenn sich schon mal das Fenster in die Vergangenheit öffnet, könnten wir die Chance nutzen und uns ein bisschen beschnuppern."

Beschnuppern soll wohl salopp klingen. Oder so richtig jugendlich. Aber wer verbirgt sich hinter der merkwürdigen Adresse? Ich kenne niemand, der so mit mir reden würde.

Trotzdem, meine Neugier ist geweckt. Ich lasse alle Vorsicht fahren, drücke den Antwort-Button und schreibe:

„Hallo, wer bist du?"

Es dauert nicht lange, bis die nächste Mail im Postfach landet.

„Ich heiße Filipa und bin deine Urenkelin. Ja, Great-Grandpa, du liest richtig. Ich wurde 2057 geboren und feiere in ein paar Wochen meinen 14. Geburtstag. Wird 'ne geile Party. Ich habe mich ein bisschen mit eurer Sprache beschäftigt. Sie ist oft komisch, aber dafür variantenreich. Deine Mailadresse gab mir Opa Janusch. Er glaubt zwar nicht, dass sie auf dem rückwärtigen Zeitstrahl funktioniert. Falls aber doch, soll ich mich nicht erwischen lassen. Kontakte in die Vergangenheit sind streng verboten. Dabei ist wohl schon einiges schiefgegangen. Was soll's, ich habe es probiert."

Ich lese die Mail ein zweites und ein drittes Mal und wundere mich, wie vertraut sie klingt. Abgesehen von den Begriffen „Zeitstrahl" und „rückwärtig funktionieren". Ehe ich erneut antworte, überschlage ich rasch im Kopf: Mein Sohn, er heißt Jan, ist Jahrgang 1984, dann wäre er zu Filipas Geburt 73 und zu ihrem 14. Geburtstag ... 87 Jahre alt?

„Stimmt", bestätigt Filipa. „Mein Grandpa ist ein mittelalter Mann und immer noch sehr fit."

Aha, mittelalt. Wird ja immer interessanter. Ich tippe: „Wie muss ich mir meinen Sohn als fitten Rentner vorstellen?"

Klick. Und nicht einmal zwei Minuten später lese ich die Antwort.

„Rentner? Da kennst du deinen Sohn aber schlecht! Opa Janusch hält nichts vom Ruhestand. Er ist mit 85 noch mal durchgestartet und managt die Stralsunder Wasserwelt. Die Stadt liegt teilweise im Meer, ihre Infrastruktur ist aber noch intakt."

„Heißt das, der Meeresspiegel ...?"

Ich beende den Satz nicht, sondern schicke die halbfertige Frage los. Angespannt warte ich, bis die Antwort da ist.

„Was glaubst du denn, Urgroßvater, was die Erderwärmung mit uns macht. Zweifelst wohl an den Klimaprognosen?"

Klar, der Meeresspiegel steigt, denke ich. Aber doch nur um ein paar Millimeter pro Jahr! Und hat es erdgeschichtlich nicht immer schon Kalt- und Warmzeiten gegeben? Andererseits häufen sich in jüngster Zeit die Berichte von Dürren und Flutkatastrophen auf der ganzen Welt und nehmen mancherorts apokalyptische Ausmaße an. Wenn das so weitergeht, wie sieht dann die Welt in 50 Jahren aus? Ich habe ein ungutes Gefühl, als ich tippe: „Filipa, du schreibst, dass du bald 14 wirst. Wie geht es dir?"

Ein Mausklick, und die Frage macht sich auf den Weg. Wohin? In die Zukunft?
Als die Antwort in meiner Box liegt, zittert mir für einen Moment die Hand und der Cursor zuckt über den Button.
Will ich es wirklich wissen?
„Ach, Urgroßvater, was soll ich sagen? Ich lebe. Auch wenn es ein permanenter Kampf ist, im Vergleich zu vielen anderen geht es mir gut."
Ich verspüre Erleichterung, wofür ich mich sogleich schäme. Um nicht darüber nachdenken zu müssen, gebe ich rasch ein: „Was für ein Kampf? Wo und wie lebst du, Filipa?"
Diesmal dauert es länger, bis es wieder ploppt.
„Ist das nicht ein bisschen viel für ein erstes Date? Wir sollten uns Zeit lassen, Great-Granddaddy. Beim Kennenlernen, meine ich."
Rasch drücke ich den Antwort-Button.
„Nur eins noch. Du bist meine Urenkelin, und ich würde dir gern helfen. Sag mir, was ich tun kann!"
„Das musst du dich schon selber fragen, Urgroßvater. Was kann ich dir mit 13 schon groß raten. Ich kann dir sagen, was ich täglich von meinen Eltern und Lehrern zu hören bekomme: Verschließ nicht die Augen vor der Wirklichkeit. Hör auf die Wissenschaft und halte dich an die Fakten. Dann ..."
Die Mail bricht ab. Ich warte ungeduldig auf die Fortsetzung des Satzes.
Als nach zehn Minuten nichts mehr nachkommt, tippe ich: „Dann was?"

Keine Antwort.

„Filipa?“

Nichts.

Enttäuscht lehne ich mich zurück.

Ende der „Beschnupperung“. Ich klappe meinen Laptop zu. Als ich nach einer halben Stunde wieder nachschaue, finde ich doch noch eine angefangene Nachricht im Ordner.

„Sorry! Ich muss abbrechen, Urgroßvater. Das Zeitfenster schließt sich ...“

Kein Gruß. Kein Wort über eine Fortsetzung unseres Dialogs.

Ich drücke mehrmals auf „Aktualisieren“, starre auf den Monitor, doch von Filipa kommt nichts mehr. Nach einer Weile erscheint die Warnung: „Verdächtige Aktivitäten. Bitte ändern Sie Ihr Passwort!“

Ich bleibe wie benommen sitzen.

Was war das eben?

Frischzellenkur und finnischer Wein

Wochen sind vergangen, und ich habe nichts wieder von Filipa gehört. Inzwischen halte ich die Mails für einen raffinierten Fake. Da habe sich einer einen Spaß mit mir erlaubt, glaubt auch mein Sohn. Jemand, der mich gut kennt und von meinen Zukunftssorgen weiß? Okay, dann bin ich ihm oder ihr halt auf den Leim gegangen. Jan hat gelacht, als ich ihm von dem fitten Alten erzählte, der in 50 Jahren die Stralsunder Wasserwelt betreut.

Stralsund? Er glaube, dass eher Hamburg überflutet werde.

Im Gegensatz zu mir kennt sich mein Sohn in der digitalen Welt aus. Seiner Meinung nach sind dort Dinge möglich, von denen wir heute noch nicht einmal träumen. Aber E-Mails aus der Zukunft? Er grinst, sobald ich Filipa erwähne, und winkt ab. Ahnt er, wie sehr ich mir Familienzuwachs wünsche? Also, wenn ich auf sein Leben schaue, bin ich mir nicht mal sicher, ob ich überhaupt Großvater werde. Jan reist durchs Land und durch die Welt, stellt ein Projekt nach dem anderen auf die Beine und ist so umtriebig, dass für Kinder und Familie keine Zeit bleibt. Noch ein Grund, an Filipas Echtheit zu zweifeln. Vielleicht steckt er ja dahinter.

Bestimmt ist das eines seiner neuesten Spiele, die er gerade entwickelt, ein familiäres Zukunftsrätsel, und er will es an mir testen?

Ja, das würde manches erklären. Aber nicht alles.

Vergiss deine Urenkelin, sage ich mir.

Als ich tatsächlich nicht mehr an sie denke, registriert mein Laptop erneut „verdächtige Aktivitäten". Wieder erreicht mich eine Mail mit dem ominösen Absender. Auch die Betreff-Zeile ist dieselbe: „An meinen Urgroßvater".

Habe ich mir einen Computervirus eingefangen? Nochmal falle ich nicht darauf herein.

Ich schließe meinen E-Mail-Account, fahre den Laptop herunter und verlasse das Haus, um ein paar Dinge zu erledigen. Filipa begleitet mich. Ihre Worte geistern in meinem Kopf herum. Ich soll mich an Fakten halten und auf die Wissenschaftler hören; reden so nicht Klimaaktivisten? Die Faktenlage, warnen sie, sei alarmierend. Falls wir den Kurs nicht ändern, schlittern wir in eine globale Katastrophe. Offen scheint nur noch, wann sie uns oder unsere Nachkommen ereilt. Aber wenn tatsächlich die Klimakleber hinter den E-Mails stecken, warum sollten sie so einen Aufwand betreiben? Und was wollen sie ausgerechnet von mir?

Während ich mein Rad vorm Postamt anschließe, denke ich: Und wenn es doch deine Urenkelin ist ? Unfug, es gibt keinen Zeitkorridor, weder in die Zukunft noch in die Vergangenheit. Das ist physikalisch unmöglich. Aber es wäre trotzdem spannend zu erfahren, wie unsere Welt in 30, 50 oder 100 Jahren aussehen wird.

Als ich Stunden später den Laptop wieder hochfahre und in mein Postfach schaue, hat sich Filipas Mail nicht in Luft aufgelöst. Öffne mich, flüstert sie. Meine rechte Hand legt sich wie von selbst auf die Computer-Maus. Also schön, wer auch immer sich da einen Scherz mit mir erlaubt, ich öffne die Nachricht und lese: nichts.
Die Datei ist leer.
War doch klar. Filipa ist eine Schnapsidee!
Während ich mir in der Küche einen Kaffee aufbrühe, spüre ich, wie sich erst Erleichterung, dann Enttäuschung in mir breitmacht. Ich mag keinen Stress, würde aber dennoch gern mehr über meine Urenkelin erfahren. Falls sie es wirklich ist. Als hätte der Absender meine Gedanken erraten, warten, als ich mit der dampfenden Tasse vorm Monitor Platz nehme, noch zwei weitere Mails auf mich.
Nein, sie lauern.
Soll ich sie als Spam kennzeichnen?
Ich will sie lesen. Aber wie?
Die erste enthält nur einzelne Buchstaben, die andere eine Reihe unvollständiger Wörter. Wohl eine Art Scrabble, also doch ein Rätselspiel! Aber es ergibt keinen Sinn. Als ich glaube, alles ausprobiert zu haben, drücke ich den Antwort-Button und tippe:
„Jan, bist du das?“
Nach quälend langen Minuten erhalte ich eine lesbare Nachricht.
„Falls du Opa Janusch meinst, muss ich dich enttäuschen.“
„Filipa?“ Zwei Minuten banges Warten.

„Ja, ich bin's, deine Urenkelin. Entschuldige die fehlgeschlagenen Versuche. Ich muss nach so vielen Jahren erst wieder mit eurer vorsintflutlichen Art der Kommunikation klarkommen. Kein Mensch weiß heute mehr, was eine E-Mail ist."

„Nach so vielen Jahren?", frage ich, und postwendend folgt die Erklärung: „Das Zeitfenster war lange blockiert, Great-Granddaddy. Irgendjemand hatte den Zeitstrahl gekappt."

„Zeitfenster? Zeitstrahl? Binde mir keinen Bären auf, Filipa!"

Als meine Erwiderung schon auf dem Weg ist, kommt mir eine Idee.

Ich schicke gleich noch eine Mail hinterher, denn ich will Klarheit.

„Kannst du beweisen, dass du meine Urenkelin bist?"

Diesmal warte ich lange. Ich befürchte schon, dass ich Filipa mit meiner Forderung vor den Kopf gestoßen habe, da ploppt es wieder.

„Ach, Urgroßvater, wie soll ich etwas beweisen, was es für dich nicht gibt? Noch nicht. Fakt ist, wir hatten schon mal kurz Kontakt. Es hat Jahre gedauert, bis sich wieder ein Fenster in die Vergangenheit geöffnet hat. Für dich waren es Wochen. Eine Frage der Navigation, denn ich wollte möglichst zeitnah an unser erstes Date anknüpfen. Mit einem aufgebundenen Bären kann ich dir leider nicht dienen – nettes Sprichwort. Aber was meinst du, wollen wir weitermachen?"

„Gern, Filipa. Auch wenn es mir schwerfällt zu glauben, dass das überhaupt möglich ist."

„Vielleicht schreibe ich erst mal ein paar Sätze über mich, damit du weißt, mit wem du es zu tun hast. Ich bin jetzt 21 und studiere in Novo-Norilsk Bionik und Umweltpsychologie. Das alte, dir vielleicht bekannte Norilsk, die dreckige russische Industriemetropole, ist im auftauenden Permafrostboden versunken. Die Erderwärmung schreitet weiter voran. Seit meiner letzten Nachricht hat sich einiges verändert, leider nicht zum Besseren. Übrigens ist es nur möglich, dich zu kontaktieren, weil es das Internet nicht mehr gibt."

Ich tippe erschrocken:

„Was schreibst du da, Filipa? Kein World Wide Web mehr?"

„Nicht mehr in der dir geläufigen Form. Die Server wurden nach und nach gesperrt und schließlich ganze Terminals abgeschaltet, weil die Hackerangriffe nicht mehr zu stoppen waren. Zudem waren Cyber-Armeen Tag und Nacht damit beschäftigt, Nachrichten zu manipulieren, Fotos und Videos zu fälschen, so dass Lüge und Wahrheit nicht mehr zu unterscheiden waren.

Ich weiß, das war mal anders. Wenn Opa Janusch von den Anfängen des Internets redet, leuchten seine Augen. Er hat mir erzählt, was das für euch bedeutet hat, sich rund um den Globus zu vernetzen. Als ihr plötzlich auf fast jede Information zugreifen und nach Lust und Laune Bilder und Meinungen posten konntet, selbst die privatesten, intimsten. Das Netz bot grenzenlose Freiheit.

Leider hatte es, wie fast jede geniale Erfindung, auch seine dunklen Seiten. Aufklärung oder Verdummung, das war die Frage. Das Internet hat nicht nur schlauer, sondern auch hörig und abhängig gemacht. Viele konnten mit der Informationsflut nicht umgehen. Und wen kümmerte es, dass Algorithmen fleißig eure Daten sammelten? Larry Page, Bill Gates, Steve Jobs oder Elon Musk – sie wussten alles über euch. Sie haben euch in ihren Netzwerken an der langen Werbeleine herumgeführt, ohne dass ihr es gemerkt habt. Ihr wart so mit eurem Ego beschäftigt, dass das Netz bald nur noch als Tauschbörse, als Jahrmarkt der Eitelkeiten oder als Plattform für Crime, Hass, Häme und Erniedrigung diente. Radikale Gruppen haben in Chaträumen offen zum Lynchmord aufgehetzt. Nach den ‚Internet-Jagden' auf Politiker, Journalisten und Naturwissenschaftler, in deren Folge zahllose Todesopfer zu beklagen waren, hat unsere KI damit aufgeräumt."

„Künstliche Intelligenz?"

„Kennst du doch, Urgroßvater. Es waren eure IT-Spezialisten, die die Grundlagen für die KI schufen. Als selbstlernendes System hat die künstliche Intelligenz die außer Rand und Band geratene Kommunikation in geordnete Bahnen gelenkt.

Stell dir ein Netzwerk von Quantencomputern vor, jeder millionenfach schneller als deiner. Damit kommunizieren wir jetzt auf ganz neue Art. Absender und Empfänger von Nachrichten sind DNA-verifiziert, so dass man sich der Echtheit des anderen sicher sein kann. Manchmal bevorzuge ich den Gedankenstrom, direkt von Gehirn zu Gehirn. Ist anspruchsvoll und hyperanstrengend, zwingt aber zur Aufrichtigkeit."

Ein KI-überwachtes Datennetz, in dem sich niemand verstecken und Fake News verbreiten kann, ist doch mal eine positive Aussicht, denke ich. Doch mir schwirrt der Kopf, und ich muss erst einmal wieder rechnen.

„Wenn bei euch seit unserem ersten Mailwechsel sieben Jahre vergangen sind, dann schreibt ihr jetzt das Jahr 2078. Richtig? Was macht Jan? Wenn er noch lebt, müsste mein Sohn, also dein Opa ... 94 sein?"

„Keine Sorge, Opa Janusch geht's prächtig. Zum 90. Geburtstag haben wir ihm eine Frischzellen-Kur geschenkt. Nach vier Wochen Höhenluft und Kältekammer fühlt er sich wieder wie 60 und hat sich zum Brainstorming – so würdet ihr das, glaube ich, nennen – auf sein finnisches Weingut zurückgezogen."

„Finnischer Wein? Du willst mich auf den Arm nehmen, Filipa!"

„He, Great-Granddaddy, warum sollte ich flachsen? Flachs, Flause, Jux, Dusel – herrliche Wörter habt ihr! Aber das ist nicht lustig. Dort, woher ihr euren Wein bezieht, wächst schon lange nichts mehr. Zu heiß, zu trocken oder bereits Wüste.

Du weißt doch, dass sich die Breitengrade, zwischen denen Landwirtschaft und Obstanbau noch möglich sind, jedes Jahr weiter in Richtung der Pole verschieben. Das hat in den nordeuropäischen Regionen durchaus auch positive Effekte.

Seit es keine Bodenfröste mehr gibt, mausert sich die Tundra zur neuen Kornkammer. Finnland und Schweden werden, was den Anbau von Wein und Zitronen betrifft, das neue Italien. Und in Norwegen kann man bald den ganzen Sommer am Fjord-Strand liegen. Allerdings schrumpfen weltweit die Gebiete, in denen sich der Mensch noch längere Zeit ungeschützt aufhalten kann. Die Bewohner flüchten ... Sorry, Urgroßvater, wir müssen abbrechen. Das Zeitfenster schließt sich."

„Halt!", tippe ich hastig. „Eine letzte Frage noch, Filipa, nur damit ich es verstehe. Du schreibst mir aus der Zukunft, was mir sowieso kein Mensch glaubt.

Ich kann es ja selber kaum glauben. Ist auch total verwirrend, denn für mich bist du noch nicht geboren. Du weißt aber oder kannst herausfinden, was sich, von mir aus betrachtet, in den nächsten Jahren und Jahrzehnten auf der Welt ereignet. Du bist doch die perfekte Glaskugel! Du könntest mir vielleicht sogar sagen, was morgen passiert. Gleichzeitig rührst du, sobald du von deinem Wissen Gebrauch machst, an der Vergangenheit. Hast du keine Angst, dass sich dadurch dein Leben ändern könnte?"

Nach einer Stunde kommt doch noch eine Mail zu mir durch.

„Das hoffe ich doch, Urgroßvater", schreibt Filipa. „Wir alle hoffen sehnlichst, dass sich was ändert!"

„Vergesst das Damoklesschwert nicht!“

Was ist das, was ich da gerade erlebe? Herbert George Wells‘ Zeitmaschine für Anfänger? Wenn wirklich alles so ist, wie es scheint, hatte ich schon zwei Mal Kontakt in die Zukunft, aber jeweils nur kurz. Nun hoffe und wünsche ich, dass es wieder passiert, und beim nächsten Mal will ich vorbereitet sein. Also ergreife ich selbst die Initiative. Doch immer, wenn ich Filipa eine Nachricht schicke, strandet sie im Nirgendwo. Nein, sie kehrt ungelesen zu mir zurück mit der Mitteilung: „Mail delivery failed: return message to sender“.
Die Adresse „FilipaQ2057“ funktioniert nicht.
Dabei könnte mir meine Urenkelin vielleicht helfen. Gerade jetzt, da die Welt gegen das Corona-Virus kämpft. Seit Monaten befinden wir uns im Lockdown, und ich würde gern ein, zwei Jahre voraus blicken: Setzt sich Covid19 fest und bildet immer neue Varianten? Löst eine Infektionswelle die andere ab? Oder zeigt sich irgendwann Licht am Ende des Tunnels? Nicht mal unsere Virologen wissen, was kommt.
Ich gebe nicht auf, versuche es wieder und wieder. Vielleicht funktioniert es ja heute ...

Andererseits, wenn sich der Zeitkorridor nur alle paar Jahre in die Vergangenheit öffnet, wie Filipa behauptet, bleibt mir wohl nichts weiter übrig, als zu warten.

Doch meine Geduld ist erschöpft. Ich lebe in einer Geisterstadt. Straßen und Plätze sind wie ausgestorben, Schulen und Geschäfte wurden geschlossen. Dafür sind die Arztpraxen und Krankenhäuser überfüllt. Dort gilt wie in öffentlichen Verkehrsmitteln Maskenpflicht. Man bekommt kaum Luft unter diesen Dingern. Alle meine Lesungen wurden abgesagt. Fußballspiele finden in leeren Stadien statt. Verdammt, ich muss wissen, wie es weitergeht – mit dem Lockdown, den Corona-Toten, mit dem Impfstoff und der viel beschworenen Herdenimmunität.

Filipa, wie erreiche ich dich bloß?

In meinem Account befinden sich unter „Gesendet“ noch alle nicht ans Ziel gelangten Mails. Ich öffne die letzte und drücke auf „Erneut senden“.

Klick. Meine Anfrage macht sich wieder auf den Weg.

Diesmal bleibt die Fehlermeldung aus. Keine Ahnung, wie die Nachricht in Filipas Welt gelangt. Feldanomalie? Fünfte Dimension? Gravitation? Dunkle Energie oder dunkle Materie? Selbst Albert Einstein und Stephen Hawking wären überfordert.

Nun heißt es doch wieder warten. Und hoffen.

Es ist alles eine Frage der Zeit.

Tatsächlich liegt am nächsten Tag eine Antwort im Postfach. Meine Urenkelin schreibt:

„Hallo Urgroßvater, eigentlich sind wir es, die Auskunft von euch verlangen sollten. Aber da der Zeitkorridor

wieder funktioniert: Du willst wissen, was in einer Pandemie zu tun ist? Obwohl du auch das leicht selbst herausfinden könntest, werde ich eine kurze, allgemeine Antwort versuchen.
Zunächst zum Corona-Virus: Ja, es wird neue Varianten (Mutationen) geben, vor allem im asiatischen, afrikanischen und südamerikanischen Raum, wo es an Impfstoffen mangelt, und sie werden besonders die Armen treffen. Dort, wo das Gesundheitswesen ausgebaut ist und man die Hygieneregeln befolgt, läuft es glimpflicher ab. Auch wenn manche das Gegenteil behaupten, Impfen rettet Leben. Doch Vorsicht! Wer glaubt, dass nur Alte und Kranke gefährdet sind, irrt gewaltig. Es wird Epidemien geben, die alles auf den Kopf stellen. Da werden vor allem Junge sterben, weil sie die meisten Kontakte haben, während die Alten, die isoliert leben, weitgehend verschont bleiben."
„Willst du damit sagen", tippe ich, „dass unsere Jugend in Gefahr ist?"
„Ich sage nur, dass ihr mit allem rechnen solltet, Great-Grandpa."
„Und wenn ich die jungen Leute vor der Gefahr warne?"
„Sie werden dir nicht glauben."
Ja, denke ich, das ist mein Fluch. Wer die Zukunft sieht, dem glaubt man nicht. Kassandra, die Tochter des trojanischen Königs Priamos, kann ein Lied davon singen.
„Ich will dir keine Angst machen, Great-Granddaddy. Ihr könnt das Epidemie-Risiko senken, indem ihr auf Massentierhaltung verzichtet und strenge Gesundheits-

kontrollen einführt, vor allem beim globalen Reiseverkehr. Wie wäre es, wenn ihr das Fliegen überhaupt auf das Notwendigste beschränktet? Erhöht wird die Gefahr zudem durch Pharma-Versuche und genetische Experimente in Tierlaboren."

In Europa, schreibt meine Urenkelin noch, würden uns gezielt eingesetzte Computer-Viren und Trolle bedrohen, die Energieerzeuger, Verkehrs- und Kommunikationsnetze, Kliniken und weite Teile des öffentlichen Lebens lahmlegen, Daten abschöpfen oder verschlüsseln und Lösegeld erpressen. „Sei also, was Computersicherheit betrifft, auf der Hut. Und bitte, vergiss über Covid19 nicht die viel größere Gefahr, die wie ein Damokles-Schwert über uns, euren Enkeln und Urenkeln, schwebt.

Ja, ich rede von der Klimakatastrophe. Ihr sagt Klima*wandel*, was eine Verharmlosung ist. Da wandelt sich nichts. Da nimmt etwas Fahrt auf, was größer, dynamischer und komplexer ist als all das, was ihr euch vielleicht vorstellt. Am Horizont baut sich ein Tsunami auf, den ihr nicht beherrschen könnt. Die Welle wird mit ungestümer Gewalt über uns hinwegrollen.

Nein, Great-Granddaddy, die Welt geht davon nicht unter. Doch sie verändert sich radikal. Ich darf dir das eigentlich nicht schreiben. Aber du bist mein Urgroßvater. Versuchen wir in Verbindung zu bleiben. Deine Filipa."

Zug steckt im Zeittunnel fest

Funktioniert die Adresse „FilipaQ2057" oder funktioniert sie nicht? Ich probiere es jede Woche und komme mir dabei wie Harry Potter vor, der am Gleis 9 ¾ auf den magischen Zug wartet. Doch meistens kommt er nicht. Und Filipa meldet sich nicht. Der Zug mit meiner Urenkelin fährt immer dann ein, wenn ich nicht am Bahnsteig stehe.

So wie heute. Als ich spätabends in den Mail-Ordner schaue, wartet dort eine Nachricht von ihr.

Zwar war die letzte in Bezug auf die klimatischen Veränderungen wieder ziemlich beunruhigend, endete aber mit Filipas Angebot, uns auch über andere Themen auszutauschen.

Welche?

Frage ich nach unserer Familie, weicht sie mir aus. Keine Auskunft über Opa Janusch hinaus. Ich habe versucht, etwas über meine Enkelin oder meinen Enkel zu erfahren – offenbar ein Tabu. Warum? Auch darauf bekomme ich keine Antwort.

Wenn ich aus dem Fenster schaue, sehe ich frisches Grün. Die Sonne blinzelt durch die Schleierwolken, und

die Amseln hüpfen über die Wiese. Nach langer Trockenheit hat es endlich geregnet. Leider war es ein unwetterartiger Starkregen, der im Schlepptau eines Tornados kam, welcher in der Nachbarschaft wütete. Strommasten knickten um, Dächer wurden abgedeckt und Autos beschädigt. Ein in unseren Breiten eher seltenes Phänomen, dessen Wahrscheinlichkeit laut Wetterexperten aber zunimmt. Doch ein Tsunami, wie Filipa ihn heraufbeschwört, ist nicht in Sicht, und wenn ich mich mit meinen Verwandten und Nachbarn unterhalte, rechnet auch niemand wirklich damit.
Und ich?
Ich habe ein ungutes Gefühl, als ich Filipas Mail öffne. Doch schon die ersten Sätze signalisieren Entwarnung:
„Heute will ich dir was Schönes erzählen, Urgroßvater. Wir waren in den Semesterferien auf Achse. Unter anderem habe ich ein Praktikum in einem Naturreservat auf Kamtschatka absolviert. Obwohl in Petropawlowsk-Kamtschatski, der Hauptstadt, mittlerweile mehr als eine Million Menschen leben, die meisten davon Russen, aber auch jede Menge Klimaflüchtlinge aus China, Südkorea und Japan, sind die nördlichen, von Vulkankegeln überzogenen Regionen weiterhin nahezu unbewohnt. Die Halbinsel lag lange in der subarktischen Zone, wo wegen der eiskalten Winter nur Moose, Gräser und anspruchslose, bis zu zwei Meter hohe Stauden wuchsen. Im Zuge der Erderwärmung haben sich die Nadelwälder ausgebreitet, in denen sich heute mehr Braunbären tummeln als je zuvor. Die Bären sind scharf auf den Rotlachs, der in den kalten Gebirgsflüssen und -seen laicht.

Für uns war das Fischen und Angeln verboten, wir durften nur zuschauen. Auf einer meiner Erkundungen bin ich einem Braunbären näher gekommen, als mir lieb war. Er folgte mir über ein Plateau.

Als ich ihn bemerkte, es war ein ausgewachsenes Exemplar, trennten uns höchstens hundert Meter. Ich bin zum Jeep gerannt und habe die Türen verriegelt. Eine Weile guckten wir uns durch die Windschutzscheibe an, dann trollte er sich."

„Wart ihr auch bei den Vulkanen?", frage ich. „Auf Kamtschatka gibt es 160, von denen 29 noch aktiv sind."

„30, Great-Grandpa. 2048 ist einer der größten Vulkane, der über Jahrhunderte inaktiv war, wieder ausgebrochen. Die kilometerhohe Aschewolke hat den Flugverkehr in ganz Ostasien lahmgelegt."

Ich schreibe Filipa, dass ich in ihrem Alter davon geträumt habe, über die sibirische Halbinsel zu spazieren. „Mit 19 Jahren habe ich einen Roman geschrieben, der auf Kamtschatka spielt."

„Wie heißt dein Roman?"

„Sein Arbeitstitel war ‚Die Insel des Polyphemos'. Er handelte von einem Vulkanologen, der sich im Camp in eine junge Ärztin verliebt, die dann beim Abstieg in den Krater ums Leben kommt."

„Oh. Und warum findet mein Chip den Roman nicht? Ein Buch mit diesem Titel ist im zentralen Literaturregister nicht verzeichnet."

„Weil es nie erschienen ist, Filipa. Der Verleger hat das Manuskript abgelehnt mit der Begründung, dass es zwar spannend, aber literarisch unausgegoren sei. Wenn ich heute darin blättere, gebe ich ihm Recht. Damals, als junger Schreibspund, habe ich das anders gesehen und fühlte mich in meiner Schriftstellerehre gekränkt."

Filipa hakt nach:

„Verstehe ich das richtig? Du hast über Kamtschatka geschrieben, obwohl du nicht dort gewesen bist?"

Dass ausgerechnet mein unfertiges Jugendwerk einen flotten Mailwechsel auslöst, wundert mich.

„Na klar. Jules Verne war auch nie auf dem Mond oder auf dem Meeresgrund. Und Karl May schilderte den Wilden Westen, obwohl er nie einen Fuß auf den amerikanischen Kontinent gesetzt hatte."

„Wer? Ach, du meinst den Aufschneider aus Radebeul, den Indianer- oder Westernautor. Karl May gilt als Paradebeispiel für einen schreibenden Hochstapler."

„Übertreiben nicht mehr oder weniger alle Romanautoren, Filipa?"

„Schon gut, Great-Grandpa, das war ein Scherz. Wir wollen nicht über Trivialliteratur streiten."

Oh, meine Urenkelin teilt aus! Amüsiert maile ich zurück: „Meinst du jetzt Karl May oder mich?"

Statt einer Antwort nur die übliche Warnung vor „verdächtigen Aktivitäten". Für heute ist Feierabend am Gleis 9 ¾. Der Zug steckt im Zeittunnel fest.

Meine größte Dummheit

Belesen ist sie, meine 100 Jahre nach mir geborene Urenkelin. Oder souffliert ihr das alles der Chip, der künftig jedem Kind implantiert wird? Humor, da bin ich mir sicher, gehört zu einer positiven Lebenshaltung, die sich nicht einpflanzen lässt. Entweder man hat sie oder hat sie nicht. Filipa scheint kein Kind von Traurigkeit zu sein.

Wenn ich unseren Mailwechsel betrachte, drängt sich ein Gedanke auf, der schon länger in meinem Hinterkopf schmort. Ich drehe mich auf meinem Schreibtischstuhl herum und mustere die Bücherwand. Wo ist eigentlich Jürgen Kuczynskis „Dialog mit meinem Urenkel"?

Der Band steht zwischen Monika Marons Roman „Flugasche" und dem Fragment „Franziska Linkerhand" von Brigitte Reimann. Seit fast 40 Jahren habe ich das Buch, das seinerzeit für viel Aufregung sorgte, nicht mehr in der Hand gehabt. Jetzt nehme ich es aus dem Regal und blättere neugierig darin. Die erste Frage lautet: „Sage mal, Urgroßvater: Hast Du Dir den Sozialismus in Deiner Jugend so vorgestellt, wie er heute ist?"

Richtig, da ist schon vor mir einer im Gespräch mit seiner Nachwelt gewesen, konstatiere ich. Und denke, dass

Kuczynskis Urenkel eigentlich noch viel zu klein war, um seinem Ur-Opa solche Fragen zu stellen. Also eher ein Selbstgespräch?

Das Buch war 1983 im Ostberliner Aufbau-Verlag erschienen, nachdem das Manuskript sechs Jahre auf Eis gelegen hatte. Ich studierte damals in Jena Germanistik und war glücklich, ein Exemplar ergattert zu haben. Kuczynski beantwortet darin Fragen, die er seinem Urenkel in den Mund legte und von denen einige in der DDR tabu waren. Zum Beispiel wollte der Nachgeborene wissen, wie es um die Ökonomie des Staates stand. Oder warum jeder, der die Zustände kritisierte oder auch nur zu benennen versuchte, zum Feind des Sozialismus erklärt wurde. Dass die „Neunzehn Briefe und ein Tagebuch", so der Untertitel des Buches, gegen Widerstände und mit einigen erzwungenen Änderungen überhaupt gedruckt wurden, war der privilegierten Stellung des Autors zu verdanken. Der marxistische Kapitalismus-Kritiker hatte als Hitler-Gegner einen guten Draht zu Erich Honecker.

Kuczynski war, das merkt man sofort, mit der Entwicklung, die der real-existierende Sozialismus genommen hatte, unzufrieden, auch wenn er es nicht offen formulierte. Unser Leben sei „nicht mehr grausam", aber es entspreche „noch keineswegs unserem ‚organischen sozialen Idealismus'", notierte er 1977.

An anderer Stelle geißelt er die Verbrechen der Stalin-Zeit, kritisiert die „Überzentralisierung" der DDR-Volkswirtschaft und beklagt die hohen Verteidigungsausgaben. Trotz alledem ist er felsenfest davon über-

zeugt, dass sein Urenkel eines Tages im Kommunismus leben wird.
Die Geschichte hat einen anderen Verlauf genommen. Die nüchterne Bilanz: Fast drei Jahrzehnte nach Kuczynskis Tod beherrscht das Kapital die Weltmärkte, entstehen immer neue geopolitische Konfliktherde. Große Teile der Menschheit leiden noch immer unter Hunger und Armut, Flüchtlingsströme fluten in die wohlhabenderen Staaten, und die Welt driftet auf eine ökologische Katastrophe zu.
Ich stecke mitten in der Lektüre, als eine Mail von Filipa in mein Postfach ploppt.
„Servus, Great-Granddaddy! Heute hast du mal allen Grund, mit mir zu schimpfen. Ich bin auf einer Studenten-Party und habe gerade einer Freundin von unserem Kontakt erzählt. Wie konnte ich bloß! Das war eine Riesendummheit von mir ..."
„Hallo Filipa", tippe ich. „Schön, dass du dich meldest. Geht es dir gut? Hast du Alkohol getrunken?"
Sofort bereue ich die letzten Worte. Sie ist nicht deine Tochter, denke ich.
Zu spät. Die Mail lässt sich nicht zurückholen. Diesmal dauert es ziemlich lange, bis ich eine Antwort erhalte.
„Sorry, ich musste mich erst an einen ruhigeren Ort zurückziehen. Wir feiern immer noch, und zwar ziemlich laut. Nein, Alkohol trinke ich nicht, der tötet die Gehirnzellen. Aber das weißt du ja besser als ich. Alkohol und Nikotin sind eure liebsten Laster, nicht wahr? Wir bevorzugen andere Stimulierungsmittel, die aber auch nicht gesund sind. Keine Drogen, falls du sowas denkst.

Grundsätzlich liegst du mit deiner Vermutung aber richtig: Ja, ich bin – beschwipst, würdest du sagen. Leider auch geschwätzig. Zum Glück glaubt mir meine Freundin nicht, dass ich mit dir E-Mails tausche. Ich musste ihr überhaupt erst mal erklären, was eine E-Mail ist. Und weißt du, was sie geantwortet hat? Urenkelin und Urgroßvater schreiben sich Briefe? – Wie krass ist das denn! Nein, ‚krass' hat sie nicht gesagt, das Wort kommt von meinem Chip, der mir altmodische Begriff zuspielt, damit du mich auch verstehst. Wir sprechen nicht dieselbe Sprache, Great-Granddaddy. Wenn du willst, erkläre ich dir das, aber ein andermal. Meine Freundin hält dich übrigens für eine Erfindung. Ich tische ihr nämlich gern Geschichten auf. Auftischen sagt ihr doch? Trotzdem, ich hätte nichts verraten dürfen."

Da ich meine Antwort hinauszögere, folgt wenig später gleich noch eine Filipa-Mail: „Sag was, Great-Grandpa! Redest wohl nicht mit deiner Urenkelin, wenn sie beschwipst ist? Oder bist du sauer? Noch so ein Wort aus der Mottenkiste ..."

Schmunzelnd tippe ich: „Nein, ich bin nicht sauer. Ich habe mir einen Gin-Tonic gegönnt (hochprozentige alkoholische Droge) und vorm Laptop ein bisschen nachgedacht. Über meine Studentenzeit. Auch wir haben ja nicht die ganze Zeit brav die Hörsaalbank gedrückt, sondern hin und wieder über die Stränge geschlagen, wenn du verstehst, was ich meine. Ich kann dir mit Dummheiten ganz anderer Art dienen, Filipa. Willst du wissen, was meine größte war?"

„Au ja, Urgroßvater! Das interessiert mich."
„Ich weiß gar nicht, wie ich es dir sagen soll."
„Egal. Schreib einfach!"
„Ich wurde in einem Land geboren, das sich eine neue Weltordnung auf die Fahnen geschrieben hatte und dann gerade mal 40 Jahre existiert hat. DDR, Sozialismus, 20. Jahrhundert – kennst du?"
„Klar, ich habe doch meinen Chip."
„Gut, dann wirst du das Folgende hoffentlich verstehen: Ich habe mal daran geglaubt, dass sich die Gesellschaft gesetzmäßig vom Niederen zum Höheren entwickelt und wir alle Widersprüche, zuvörderst den zwischen Arm und Reich, überwinden. Das haben wir in der Schule gelernt. Im Studium wurden wir auf Marxismus-Leninismus getrimmt (frage deinen Chip!) und hörten Sätze wie: ‚Die Lehre von Karl Marx ist allmächtig, weil sie wahr ist.' Wie naiv ich war, dass ich das nie angezweifelt oder zumindest hinterfragt habe! Als Teenager las ich mit großer Begeisterung Zukunftsromane, in denen die von Ausbeutung befreite Gesellschaft in verlockenden Farben geschildert wurde. „Heimkehr der Vorfahren" und „Projekt Sahara" von Eberhard del' Antonio oder Herbert Friedrichs Technik-Utopie „Der Damm gegen das Eis". Bertolt Brechts Ausspruch, wonach der Kommunismus das Einfache sei, das schwer zu machen ist, kannte ich noch nicht.

Ich war fortschrittsgläubig, Filipa. 1961 hatte Juri Gagarin als erster Mensch die Erde umkreist. Sonden erkundeten den Mond, den Mars und die Venus. Flüsse wurden angestaut und umgeleitet und Wüsten zum Blühen gebracht. Wie die meisten meiner Generation glaubte ich fest daran, dass wir uns zu Beherrschern des Planeten aufschwingen und im 21. Jahrhundert zu den Sternen aufbrechen. Damals erschien mir alles möglich. Ich war ein Träumer ..."

Stopp. Klick und weg.

Noch einen Drink. Warum beichte ich das meiner Urenkelin?

Filipas Antwort kommt postwendend:

„Aber Urgroßvater, das ist doch toll! Ich hätte dich sonst für einen Langweiler gehalten."

Vorläufig keine Nachkommen mehr

Habe ich nach meiner freimütigen Offenbarung ernsthaft geglaubt, wir würden nun regelmäßig E-Mails austauschen? Pustekuchen. Wieder höre ich monatelang nichts. Filipa lässt mich zappeln. Bestimmt gibt es Wichtigeres im Leben einer jungen Frau, als sich mit ihrem Urahn zu beschäftigen. Trotzdem fange ich an, mir ernsthaft Sorgen zu machen. Sorgen um meine Urenkelin.

Hoffentlich ist ihr nichts geschehen.

Dann irgendwann wieder eine Depesche, diesmal – ich fasse es nicht – aus dem Jahr 2089. Meine Urenkelin, inzwischen 32, schreibt noch immer im Stil eines Teenagers. Zumindest wirkt der Anfang der Mail so auf mich:

„Ich bin‘s, Filipa. Doch, Great-Granddaddy, es gibt mich noch. Es lag nicht an mir, dass ich mich so lange nicht gemeldet habe. Der Zeitkorridor war verriegelt. Hast du versucht, mich zu erreichen?“

Ich teile ihr mit, wie sehr ich auf ein Lebenszeichen gewartet habe, und nach einigen für mich unverständlichen technischen Erklärungen kommt Filipa zur Sache und schreibt mir völlig ungeschminkt:

„Du willst natürlich wissen, wie es um mich, wie es um uns kurz vor der Jahrhundertwende steht. Ja, wieder ein Zeitsprung. Tut mir leid, Urgroßvater, anders kriege ich es nicht hin. Kurz und knapp gesagt: Das Ziel, die Erderwärmung auf unter zwei Grad zu begrenzen, wurde deutlich verfehlt. Zwar wird kaum noch neues CO_2 ausgestoßen, doch es ist noch viel zu viel davon in der Atmosphäre und zerfällt dort nur langsam. Wir versuchen, es in der Erde zu binden. Doch das aus dem auftauenden Permafrostboden aufsteigende Methan heizt den Planeten zusätzlich auf. Der Nordpol ist das ganze Jahr über eisfrei und reflektiert kaum noch Sonnenlicht. Die vom Plankton eingetrübten Ozeane erwärmen sich dadurch noch schneller und nehmen immer mehr Energie auf, die sich in nie dagewesenen Unwettern entlädt. Muss ich dir sagen, was das bedeutet, Urgroßvater?"

Ich schlucke.

„Bitte schreib mir, was Sache ist, Filipa."

„Okay. Seit die Regionen in Äquatornähe aufgegeben werden mussten, Mittelmeer, Ost- und Nordsee gekippt sind, zahlreiche Inseln und Küstenregionen überflutet wurden, drängt hier alles nach Norden. Der Lebensraum ist aber begrenzt. Wer es sich leisten kann, lebt auf einem Hausboot oder lässt sich auf einer schwimmenden Insel nieder und genießt so den Rest seiner Freiheit. Die Superreichen verschanzen sich auf ihren XXL-Luxusjachten oder in komfortablen Survival-Bunkern in den Bergen. Weltweit ankern Kreuzfahrtschiffe vor den Küsten, um Heimatlosen ein Dach über dem Kopf zu gewähren. Doch der Strom der Klimaflüchtlinge wächst und ist nicht mehr zu stoppen. Wo es irgendwie möglich ist, errichten wir Notunterkünfte, Container, Zelte oder Pfahlbauten, um keine Flächen mehr zu versiegeln. Aber die Bevölkerungszahlen explodieren, trotz der Krisen und Kriege. Wir sind zu viele. Deshalb habe ich mich der Initiative ‚Stop for Future' angeschlossen. Weißt du, was das ist?"

Nein. Ich kenne nur Fridays for Future, Parents for Future, Students for Future, Scientists for Future, internationale Bewegungen, die auch in Deutschland aktiv sind.

„Stop for Future", fährt Filipa, ohne meine Antwort abzuwarten, fort, „wurde aus purer Not geboren. Um das Bevölkerungswachstum zu bremsen, lassen Millionen Frauen ihre Eizellen einfrieren. Für später. Falls es ein Später gibt. Ururenkel wird es in unserer Familie vorerst nicht geben, Urgroßvater. Wir, die Frauen des zu Ende gehenden 21. Jahrhunderts, warten mit unseren Nachkommen, bis eine Möglichkeit gefunden ist, den überhitzten Planeten abzukühlen ..."

Mein Gott, schon wieder Hiobsbotschaften! Wollten wir nicht mal über andere Dinge reden?

Die erwachsene Filipa bedauert, mir keine hoffnungsvolleren Aussichten übermitteln zu können. „Die Welt ist, wie sie ist, Great-Grandpa. Genauer gesagt: So, wie ihr sie uns hinterlassen habt. Wir kämpfen mit den globalen Folgen des fossilen Zeitalters, der Kohle- und Erdölverbrennung. Wir entsiegeln verbaute Flächen und forsten dort, wo es noch möglich ist, im großen Stil wieder auf.

Glaub mir, ich hatte mir mein Leben anders vorgestellt. Die Studentenzeit war eigentlich ganz schön, im Norden Sibiriens tat sich uns eine neue Welt auf, die wir in Besitz nehmen wollten. Doch wir waren nicht die einzigen, die es dorthin zog, und wenn ich etwas gelernt habe, dann dies: Es geht nicht um Inbesitznahme, sondern ums Teilen.

So langsam begreife ich, was Umweltpsychologie bedeutet. Man muss anderen helfen, sich in einer sich radikal verändernden Welt zu behaupten. Kraft gibt mir, dass wir im Team arbeiten. Ich verspreche dir, dass wir nicht aufgeben werden. Aber bitte antworte mir nicht auf diese Botschaft. Es geht mir nicht gut. Lebe wohl! Filipa."

Kohle war mal schwarzes Gold

Lebe wohl! War's das? Oder ist es wieder nur eine Phase, in der Filipa ihrem angestauten Frust über die ungebremste Erderwärmung freien Lauf lassen musste? Selbst wenn sie mir die Leviten liest, möchte ich den Gedankenaustausch mit meiner Urenkelin unbedingt fortsetzen.

Austausch?

Was heißt das, wenn ich nichts erwidern darf? Ich bin, vorsichtig ausgedrückt, nicht glücklich mit ihrer letzten Mail. Offen gesagt: Ich bin stinksauer. Natürlich möchte ich wissen, in was für einer Welt Filipa lebt. Aber sitze ich deswegen gleich auf der Anklagebank? Was weiß sie denn über mich? Über uns? Denkt sie, wir leben in Saus und Braus? Hat sie überhaupt eine Ahnung, unter welchen Zwängen wir unsere Entscheidungen treffen? Weiß sie, was uns umtreibt, womit wir uns tagtäglich herumschlagen?

Vielleicht sollte ich ihr erst einmal erklären, was *wir* von unseren Vorfahren übernommen haben.

Auch ich bin ein Urenkel.

Kritik am Alten und Überkommenen ist und bleibt das Vorrecht der nachfolgenden Generation. Das war in meiner Jugend nicht anders. Trotzdem finde ich, Filipa sollte, bevor sie den Stab über uns bricht, einiges wissen. Es ist höchste Zeit für einen Urgroßvater-Monolog.

Wo fange ich an? Bei mir? Oder soll ich ihr zunächst von meinem Urgroßvater erzählen, ihrem Urururur-großvater (hoffentlich stimmt die Anzahl der „Ur")?

Ich ignoriere ihre Bitte, nicht auf die Mail zu erwidern, und drücke auf „Antworten".

„Liebe Filipa, dein Entschluss, vorläufig keine Kinder zur Welt zu bringen, erschüttert mich. Aber ich habe allergrößten Respekt davor. Und wenn sich viele Frauen so entscheiden wie du, hat das sicherlich auch Auswirkungen auf die Bevölkerungspyramide. Es gibt ja heute schon in einigen Ländern zu viele alte Menschen. Alte wie mich, denen keine Frischzellenkur zur Verfügung steht. Du willst also mit eigenen Nachkommen warten. Akzeptiert. Aber meinst du es wirklich ernst, dass ich, dein Great-Granddaddy, dir nicht antworten soll? Wie kannst du so etwas verlangen.

Nun, darüber reden wir später. Aber ein paar Dinge muss ich sofort geraderücken. Bitte wundere dich nicht, wenn du jetzt etwas über Wilhelm erfährst.

Wilhelm, so hieß mein Urgroßvater väterlicherseits, über den ich für mein erstes Buch recherchierte. Mit Mitte zwanzig habe ich meine Großeltern interviewt. Ich wollte alles über ihr Leben und das ihrer Vorfahren wissen. Die Antworten sind noch auf Magnettonbändern gespeichert, für die ich kein Abspielgerät mehr besitze. Ja, Tonbänder, antiquierte Technik! Der Erzählzyklus, den ich dann schrieb, handelt von einem

Dorf in Sachsen-Anhalt, das dem Braunkohleabbau weichen sollte.
Es war das Heimatdorf meiner Großeltern und meines Vaters, in dem auch ich ein halbes Jahr zur Schule ging. Um wenigstens seine Geschichte zu bewahren, schilderte ich die Schicksale der Bewohner, eine literarische Chronik über vier Generationen. Darin sprechen auch die Toten zu mir. Wenn meine Großeltern von ihrer Kindheit erzählen, höre ich die Stimmen ihrer Ahnen.
Urgroßvater Wilhelm zum Beispiel, Jahrgang 1880. Sein Vorname verband ihn mit dem letzten deutschen Kaiser. Für Wilhelm II. war er mit 34 ins Feld gezogen. Da hatte er schon seine Frau und fünf Kinder. 17 Millionen Soldaten – Deutsche, Franzosen, Engländer, Russen und Angehörige anderer Nationen – fanden in den Schützengräben und Bombentrichtern den Tod. Wilhelm kehrte nach fünf Jahren heim, scheinbar unversehrt, doch seelisch ein Wrack. Er brachte seine Familie als Rucksackbauer durch. Rucksackbauer heißt, er radelte frühmorgens mit dem Rucksack in die Fabrik und schuftete, weil der Lohn nicht reichte, nach Feierabend auf seinem Stück Acker. Im Winter hat er Reisigbesen gebunden, die er auf der Leipziger Messe verkaufte.
Was du dir vermutlich kaum vorstellen kannst, Filipa: Es gibt nur ein einziges richtiges Porträt von Wilhelm, ein Hochzeitsbild mit seiner Braut Martha, und eine Handvoll kleiner, vergilbter Schwarz-Weiß-Fotos mit gezacktem Rand. Auf einem sitze ich als Zweijähriger neben ihm auf der Hofbank meiner Großeltern. Ich schaue zu ihm auf und strecke die Hand nach seinem

aufgezwirbelten schlohweißen Kaiser-Wilhelm-Bart aus, auf den er immer noch stolz war.

Urgroßvater Wilhelm hatte auch Hitler, den Zweiten Weltkrieg und, da er im Osten Deutschlands lebte, die restriktive Stalin-Ära überstanden. Noch als Greis machte er sich nützlich, indem er Großmutters Küchen- und Großvaters Gartengeräte in Schuss hielt und für seine Urenkel Spielzeug schnitzte. Ansonsten begnügte er sich mit seinem Altenteil. Ich wüsste nichts, was ich meinem Urgroßvater anlasten könnte. Auf dem Foto ist er 79 und macht einen zufriedenen Eindruck. Wilhelm hat nie nach Reichtum, Macht und Ruhm gestrebt. Vielleicht ist es ja das, was wir von ihm lernen können. Dein Urgroßvater."

Klick, und meine unerwünschte Mail macht sich auf den Weg in die Zukunft.

Keine Ahnung, in welchem Jahr sie eintreffen wird. Auch ich erwarte keine Antwort. Ich stelle mich auf längeres Schweigen ein.

Doch es währt nur kurz.

Schon liegt was in der Box.

Eine Frage, spitz wie eine Nadel.

„Und warum habt ihr nicht von Wilhelm gelernt?"

Kopfschüttelnd starre ich auf den Monitor und schlucke meinen Ärger hinunter.

„Filipa", tippe ich gereizt, „jetzt hör mir mal zu. Ich verstehe deine Verbitterung. Hitze, Dürren, Überschwemmungen, Flüchtlingsströme – ja, haben wir euch eingebrockt. Aber dafür ist doch nicht meine Generation allein verantwortlich. Und glaubst du vielleicht, dass wir von goldenen Tellern essen und aus goldenen Bechern trinken? Wir haben eine vom Krieg zerstörte, verwüstete Welt übernommen und mussten zunächst Hunger und Armut bekämpfen. Wir wollten ein gutes Leben für alle. Und die Welt, zumindest die unmittelbar um uns herum, wurde tatsächlich besser. Dass Gesellschaften in eine Sackgasse geraten können, technischer Fortschritt Nebenwirkungen haben und sogar zerstörerisch wirken kann und Wohlstand einen hohen Preis fordert, wollten wir nicht wahrhaben. Es hat lange, zu lange gedauert, bis wir die Gefahren, vor denen uns die Wissenschaftler warnten, ernst nahmen, im Osten noch um einiges länger. Aber es tut sich auch etwas. Wir steigen Schritt für Schritt aus der fossilen Energieerzeugung aus, setzen auf Sonne, Wind und Geothermie, und wir versuchen, die geopolitischen Konflikte einzudämmen. Das ist schwer genug, Filipa. Ja, es geht viel zu langsam. Wir können keine Wunder vollbringen.

Apropos fossiles Zeitalter, für dich ein rotes Tuch. Aber weißt du überhaupt, wie wichtig die Kohle für uns mal war? Du drehst deine Fußbodenheizung an und hast es im Winter warm. Meine Eltern haben die Stube noch mit Holz und Briketts geheizt. Gekocht wurde auf dem Küchenherd. Zur Hochzeit brachten sie zwei Kiepen Koks mit in die Kneipe, um den Saal warm zu bekommen. Ja, war klimaschädlich und ungesund wegen der Rauchgase. Doch es half zu überleben. Es gab nichts anderes. Die Schwerindustrie schrie nach Kohle. Großvater hat mir die Schaufelradbagger gezeigt, quietschende Kolosse aus Stahl, die sich bis an den Dorfrand schoben. Wir haben voller Stolz zugeschaut, wie sie den Mutterboden aufrissen, um an das schwarze Gold zu gelangen. Dass der Kohle Wälder, Auen und Häuser zum Opfer fielen, nahmen wir hin. Nur unser Dorf sollten sie nicht wegbaggern. Da begannen wir, uns zu wehren. Auch ich fand die Energiepolitik der 1970er- und 1980er-Jahre alternativlos. CO_2-Bilanz, Treibhausgase, Mikroplastik waren offiziell kein Thema. Die fossilen Brennstoffe, auch Erdgas und Öl, das wir importierten, hielten ja unser Leben im Fluss. Ohne sie keine Busse und Bahnen, keine Schifffahrt, keine Chemie- und Metallindustrie, keine Fernwärme. Schlimm finde ich, dass wir zu lange an ihnen festhalten, selbst jetzt noch, da es umweltfreundlichere Alternativen gibt. Ist ja preiswert und bequem. Jede Neuerung, jede Änderung in den eingefahrenen Abläufen, das kennst sicherlich auch du, erzeugt Unsicherheit und Angst und ist erst einmal teuer. Wir sind Gewohnheitstiere, klammern uns ans Beständige. Dies nicht als Entschuldigung, nur zur Erklärung."

Klick, ich habe gesprochen.

Postwendend kommt Filipas Antwort: „Habe dein Verteidigungspamphlet zur Kenntnis genommen, Great-Grandpa. Muss es erst mal sacken lassen. Du hörst wieder von mir."

Was Filipa Freude macht

Erst einmal lese ich nichts mehr von ihr. Meine Urenkelin ist erneut abgetaucht. Oder ihre Antwort steckt im Zeittunnel fest. Leider kenne ich mich in Quantentechnik, oder worum auch immer es sich hierbei handelt, nicht aus. Wieso öffnet und schließt sich das Zeitfenster? Ist das womöglich nur ein Vorwand? Schiebt Filipa unserem Dialog, sobald er für sie unbequem wird, selbst den Riegel vor?

Ich mag sie und will ihr nichts unterstellen.

Ich warte, bis eine Antwort kommt.

„Interessant, was du über deinen Urgroßvater Wilhelm schreibst. Das liegt aber schon sehr weit zurück. Die beiden Weltkriege im 20. Jahrhundert haben wir in der Schule behandelt und, nun ja, abgehakt. Da wurde noch ohne KI gekämpft! Ich mache dir keine Vorwürfe, Great-Granddaddy, ich will lediglich wissen, wie es zum Klimakollaps gekommen ist."

Was antworte ich? Wie war, wie ist es denn?

„Ehrlich gesagt, war der Klimawandel lange Zeit kein Thema bei uns. Die Winter waren kalt und schneereich, die Sommer noch nicht so heiß und trocken. Mobilität war angesagt, auf Teufel komm raus. Eine Zeit lang

fürchteten wir uns vorm Ozonloch und vor saurem Regen, doch das waren nur Umweltprobleme."
Nur? Ich stolpere über meine eigenen Worte. Dank Filipa habe ich das Privileg, in die Zukunft zu schauen. Hilft mir das, die Gegenwart besser zu verstehen? Trotz erster Einblicke weiß ich nicht, wie ich mir das Leben meiner Urenkelin vorstellen soll – als das einer Krisenmanagerin, die von Katastrophe zu Katastrophe eilt?
Filipa widerspricht:
„Feuerwehrfrau im Dauereinsatz? Nein, ganz so ist es nicht. Es gibt große Fortschritte in der Medizin, Gentechnik, Bionik und Mikrobiologie, beim Geoengineering und bei der Datenverarbeitung. Auch im Natur- und Artenschutz, wo jeder mitmachen kann. Einmal pro Jahr besuche ich Freunde am Amazonas, die mit indigenen Rangern Flächen des ehemaligen Regenwalds renaturieren. Oft kommen wir auch einfach so zusammen, um an ‚unberührten Orten' Kraft zu tanken. Es muss ja weitergehen, Great-Granddaddy."
Freude bereitet ihr zum Beispiel ein sogenannter Retro-Klub, den es in ihrer Community gibt. Dort treffen sie sich, um auszuprobieren, wie es sich vor der Digitalisierung gelebt hat. „Wir lernen, wieder mehr auf die eigenen Fähigkeiten zu vertrauen. Zutritt bekommt nur, wer seinen Chip deaktiviert hat. Hier gibt es Werkstätten mit Handwerkzeugen verschiedenster Art und ein komplett ausgestattetes Fotolabor. Manche bringen alte Karten- und Brettspiele von ihren Großeltern mit. Wir schreiben uns sogar Briefe mit Stift und Papier und lassen sie von Brieftauben befördern! Und was dich besonders freuen

wird: Opa Janusch hat neulich Schmalfilme von dir aus den 1980er-Jahren gezeigt. Es war komisch, dich als jungen Vater mit Kinderwagen auf dem Hof deines Granddaddys zu sehen. Um deinen Parka und die schwarze Baskenmütze beneide ich dich.
Aber du wolltest wissen, was ich am liebsten tue. Nun, ich tanze gern: Salsa, Samba, Tango und einen neueren Tanz, den wir Kungu nennen. Ich war mit meinem Tanzpartner sogar schon mal Kungu-Meister. Ich will nicht verschweigen, dass der Klimakollaps die Gesellschaft gespalten hat. Einerseits wächst mit der Zahl der Notleidenden auch die der Glücksritter und Spekulanten, die aus dem Unglück ihrer Mitmenschen noch Profit schlagen. Andererseits fördert die Krise aber auch den Zusammenhalt. In meiner Community wird geteilt. Und wir nehmen von der Natur nur das, was wir wirklich brauchen. Wie dein Urgroßvater Wilhelm. Das hat nichts mit Verzicht zu tun. Wir versuchen lediglich, Maß zu halten. Es kommt immer darauf an, das rechte Maß zu finden, damit auch für die Generationen nach uns etwas bleibt.
Noch ein Wort zu meiner Tätigkeit als Psychologin. Sie fordert mich mehr, als mir lieb ist. Ich arbeite hauptsächlich mit Kindern, die ihre Eltern verloren haben oder von der Familie im Stich gelassen wurden. Wenn sie wollen, bringe ich ihnen das Tanzen bei. Beim Tanzen verschmelzen Körper und Geist. Oder Körper und Seele – ihr sagt Seele, nicht wahr?
Der Tanz ist eine universelle Therapie, vielleicht die universellste, die bei jedem, ganz gleich welchen Alters,

welcher Herkunft und welchen Geschlechts, etwas bewirkt. Neben der Musik, natürlich. Willst du wissen, was mein schönster Tanz ist? Die Liebe! Doch selbst sie ist, wie alles auf der Welt, dem Wandel unterworfen. Vor einiger Zeit hat sich mein Kungu-Partner von mir getrennt. Er lebt jetzt mit jemand anderem zusammen. Das ist normal, aber schwer zu verkraften.
Zumindest für mich, weil ich ihn sehr gern habe. Immer noch. Wir haben uns nie gestritten. Trennung in Harmonie – damit komme ich nicht klar. Lieber ein Ende mit Schrecken ... Wie sagt ihr: Des einen Freud ist des anderen Leid? Stimmt. Aber ihr sagt auch: Zeit heilt alle Wunden. Na ja, fast alle. Deine Filipa.“

Der Mars ist eine menschenfeindliche Wüste

Zukunftsmails können süchtig machen. Ja, die Neugier zwickt. Es gibt so vieles, was ich wissen möchte. Wenn es um den Kosmos geht, erwacht meine Leidenschaft aus Kindheits- und Jugendtagen. Werden wir einen Weltraumlift in den Orbit bauen und Mondbasen errichten? Wer kümmert sich um die Asteroidenabwehr? Und was ist mit der Erforschung unserer Nachbarplaneten?

Filipa könnte mir sagen, wann wir endlich zum Mars fliegen.

Es interessiert mich wirklich. Werde ich, der im Jahr des Sputniks Geborene, es noch erleben, dass der Mensch seinen Fuß auf den roten Planeten setzt? Der Zeitpunkt wurde schon oft verschoben. Nach ihren erfolgreichen Mondlandungen wollten die US-Amerikaner bereits in den 1980er-Jahren den Mars „erobern“. Doch sie wollten Nordvietnam zurück in die Steinzeit bomben und die Sowjetunion beim Wettrüsten in die Knie zwingen.

Ersteres ist ihnen zum Glück nicht gelungen, Letzteres schon. Nach dem Ende des Kalten Krieges hieß es: Marslandung unter amerikanischer Flagge im ersten Viertel des neuen Jahrhunderts. Das nun auch schon fast vorbei ist. Mittlerweile beteiligen sich neben der US-Raumfahrtbehörde NASA auch Russland, China, Indien

und private Unternehmen am Wettlauf zum Nachbarplaneten. Doch geht's dadurch schneller? Wann ist es so weit? Die nächsten Zeitfenster – auch hier passt der Begriff – für eine Treibstoff sparende Reise öffnen sich 2033 und 2048.
Wieder gebe ich „FilipaQ2057" und diesmal nur eine einzige Frage ein.
Nach zwei Tagen erhalte ich eine ernüchternde Antwort:
„Tut mir leid, Great-Granddaddy, du wirst es nicht mehr erleben. Die interplanetare Raumfahrt ist eine viel größere Herausforderung als angenommen, sie kommt nur in kleinen Schritten voran. Sei nicht traurig, es lohnt sich nicht. Wirklich nicht. Der Mars ist und bleibt eine menschenfeindliche Wüste."
War mehr oder weniger zu erwarten, denke ich und schlucke meine Enttäuschung hinunter. Doch dann folgt ein Satz, der mich förmlich aus der Umlaufbahn schleudert. Ich lese ihn mehrmals.
„Das kannst du mir glauben, Urgroßvater, denn ich bin dort gewesen."
Ich drücke den Antwort-Button und tippe hastig: „Bitte bestätige mir das, Filipa! Wo bist du gewesen – auf dem Mars?"
Zwei Minuten später: „Du hast richtig gelesen. Deine Urenkelin hat Raumfahrtgeschichte geschrieben!"
Es drängt mich, ihr mitzuteilen, wie stolz ich auf sie bin.
„Warte lieber ab, bis du mehr darüber weißt. Ich erzähle es dir."
Da sie vorerst keine Kinder wollte, schreibt Filipa, habe sie sich für die dritte Mars-Mission gemeldet. Die erste

sei daran gescheitert, dass die Astronauten aufgrund eines irreparablen Triebwerkschadens an der Fähre nicht landen konnten. Sie hätten den Mars ein Jahr lang aus der Umlaufbahn erforscht und dann die Rückreise antreten müssen. Die zweite Mission glückte, und die Fähre mit den Astronauten habe weich auf der Marsoberfläche aufgesetzt. Doch die Errichtung einer Basis für den dauerhaften Aufenthalt auf dem Nachbarplaneten hätte sie an ihre Grenzen gebracht.

„Auch für uns war es schwierig. Viel schwieriger als erwartet. Auf dem monatelangen Flug durchs All waren wir harter Strahlung und höchster physischer und psychischer Belastung ausgesetzt. Unser Organismus ist nicht für Schwerelosigkeit gemacht, auch nicht für die geringere Schwerkraft auf der Marsoberfläche. Das hatte ich vorher gewusst, doch es ist etwas anderes, es am eignen Leib zu spüren. Der menschliche Körper baut unter außerirdischen Bedingungen schneller ab, als man denkt. Die Muskulatur zerfällt regelrecht. Wir sind nach der Landung im Basislager untergekrochen und haben die Umgebung erkundet. Nur Felsen, Krater, Geröll und Sand. In der Tiefe gefrorenes Wasser, das wir nutzen. Doch es gibt kein Leben. Nicht mal Bakterien haben wir gefunden.

Künftiges Zuhause? Von wegen! Der Traum von einer Besiedlung des Mars – ihr redet von Kolonisierung – ist für mich ausgeträumt. Überleben kann man dort nur auf engstem Raum in einer künstlichen Sauerstoffblase.

Stell dir vor: Viele Jahre habe ich mich akribisch auf die Expedition vorbereitet. Und schon nach zwei Wochen

Marsaufenthalt wollte ich unseren Schutzraum nicht mehr verlassen, zumal ein heftiger Sandsturm aufzog, der mehrere Wochen wütete. Trotz der dünnen Atmosphäre pflanzte sich sein Heulen fort. Es drang bis in den hintersten Winkel der Station, und ich hörte es noch unter der Bettdecke. Es war, als wollten uns die Planetengeister vertreiben. Sie rannten gegen uns an und überschütteten uns mit Sand. Die rötlichen Körner prasselten gegen die Fenster, drangen ins Getriebe unserer Fahrzeuge und Geräte und knirschten unter unseren Stiefeln. Wir mussten uns jeden Morgen freischaufeln, nur um aufs Neue begraben zu werden. Ich kam mir vor wie Sisyphos, der immer wieder den Felsblock auf den Berg rollt.

Nach 20 Monaten hatte ich genug und bin mit der nächsten Mission, die eigentlich für immer hatte bleiben sollen, zurückgeflogen. Zurück auf unsere lebendige, wenngleich auch schon heftig verwüstete Erde. Wird der blaue Planet eines Tages so aussehen wie der Mars? Ich frage mich, warum wir so viel Hoffnung auf die Besiedlung kosmischer Welten setzen. Warum bleiben wir nicht einfach hier und schützen unser Zuhause? Die Erde könnte unser Paradies sein. Sie ist trotz aller Zerstörungen auch jetzt noch wunderschön.

Glaube mir, Great-Grandpa, es gibt keinen besseren Ort."

Zurück zum Kreislaufsystem

Wie ist das doch gleich mit dem Zeitreise-Paradoxon, von dem man in Science-Fiction-Geschichten mit Vergnügen liest? Eine Person reist per Zeitmaschine in die Vergangenheit und tötet ihren Großvater im Kindesalter. Folglich kann der Großvater den Vater oder die Mutter des Zeitreisenden nicht zeugen, der Zeitreisende selbst wird nicht geboren und kann also gar nicht in die Vergangenheit gereist sein, um seinen Großvater zu töten.
Was nun? Man kann die Sache drehen und wenden, wie man will, der Zeit-Knoten lässt sich nicht lösen. Und sobald man anfängt, länger darüber nachzudenken, wird man verrückt.
Ich denke nicht mehr darüber nach. Ich freue mich einfach, dass ich seit zwei Jahren mit meiner Urenkelin in Verbindung stehe, und habe meine Zweifel, es könnte sich am Ende vielleicht doch um einen raffinierten Deepfake handeln, ad acta gelegt.
Filipa ist mir viel zu sehr ans Herz gewachsen. Manchmal träume ich schon von ihr.
Wovon träumt meine Urenkelin?

Was weiß ich überhaupt über sie? Dass sie 2057 zur Welt kommt, im sibirischen Norden studiert und an verschiedenen Orten tätig ist. Dass sie vorerst auf Kinder verzichtet, zum Mars fliegt und danach die Erde nicht mehr verlassen will. Sie lebt, wenn sie nicht gerade unterwegs ist, in einer Kommune und betreut Flüchtlingskinder. Wie alle jungen Leute feiert und tanzt sie gern, und sie geigt gelegentlich ihrem fossilen „Great-Granddaddy" die Meinung.

Was denkt Filipa über mich?

Stichwort Kohle- und Gasheizung: Hat sie verstanden, dass ich ein Kind der Braunkohle bin? Dass die Nutzung fossiler Brennstoffe das Industriezeitalter eingeleitet und Fortschritt überhaupt erst ermöglicht hat? Filipa ist mit anderen Energiequellen und neuen, hypermodernen Kommunikationsmitteln aufgewachsen, sie kann über ihren Chip jederzeit auf einen zentralen Wissensspeicher zugreifen. Liegt da die Vergangenheit nicht vor ihr wie ein aufgeschlagenes Buch?

Umgekehrt ist es komplizierter. Stichwort Quantencomputer: An ihm wird heute bereits mit Hochdruck gearbeitet. Doch wer versteht schon wirklich, wie er funktioniert? In 50 Jahren werden die Kinder mit ihm spielen, und „Gedankenstreaming" wird so normal sein, wie für uns ein Telefonat. Mir würde es den letzten Nerv rauben, wenn ich ungefiltert erführe, was andere über mich denken. Und wie kontrolliert man seine Gedanken?

Verwirrender noch: Filipas Depeschen kommen sporadisch aus verschiedenen Lebensphasen. Die jüngste stammt aus dem Jahr 2090, da ist sie 33. Hin und wieder antwortet sie auch auf eine meiner Fragen. Ein Dialog ist das noch nicht, so sehr ich ihn mir wünsche. Und woher weiß meine Urenkelin eigentlich, in welchem Jahr sie mich kontaktiert? Navigiert sie auf einer Zeitskala oder folgt sie dem Zufallsprinzip? Ist das Kalkül oder nur eine Laune?

Nein, ich hadere nicht mit meiner Zeitpostmaschine. Ich verdanke ihr schlaglichtartige Einblicke in Filipas Welt, die unsere Welt von morgen ist.

Ja, Schlaglichter, das trifft es.

Hier habe ich mal einige zusammengefasst:

„Du willst wissen, ob die Ehe eine Zukunft hat? Nun, Opa Janusch war nie verheiratet. Mein Vater und meine Mutter haben eine Zeitlang zusammen gelebt, um mich großzuziehen, und sich dann neue Partner gesucht. Einander finden, begleiten und sich wieder trennen, das ist der natürliche Lauf einer Beziehung. Die Ehe als Wirtschaftsverbund zur Besitzstandswahrung hat ausgedient. Man klebt nicht auf Gedeih und Verderb aneinander. Selbstverständlich gibt es Liebesbünde, doch der Schwur ‚Bis dass der Tod euch scheidet‘ klingt in meinen Ohren wie eine Drohung.

Nicht, dass du falsch über uns denkst, Great-Granddaddy. Wir leben schon eng zusammen, vor allem wenn Kinder da sind, und gründen familiäre Gemeinschaften, hetero- wie gleichgeschlechtliche, auch zwischen mehreren Menschen und Generationen. Gemeinschaften, die sich jederzeit ändern oder wieder lösen lassen.

Das geht gar nicht anders. Wegen der Klimakatastrophe müssen wir häufig Wohnort und Beruf wechseln, dorthin ziehen, wo die Temperaturen noch erträglich sind und wo man gebraucht wird. Für die Liebe finde ich mit etwas Glück jemanden, mit dem ich mich gern treffe und die eine oder andere Reise unternehme."

„Hi, Great-Granddaddy, ich habe bei Opa Janusch ein Buch von dir gefunden, ein stark verblichenes Papierbuch. Du schreibst, dass es den Wäldern in deiner Heimat nicht gut geht und dass einige Baumarten Mühe haben, sich an die Klimaveränderungen anzupassen, die Förster aber alles tun, um die Natur beim großen Waldumbau zu unterstützen. Deine in dem Buch immer wieder gestellte Frage, wie der Wald in 30 bis 50 Jahren aussieht, kann ich beantworten. Nun, er wird sich stark verändern, aber – zumindest in den gemäßigten Klimazonen, zu denen deine Thüringer Heimat zählt – nicht gänzlich verschwinden.
Wälder sind anpassungsfähig, sie wachsen fast überall, sogar unter der Erde. An extremen Orten, wo im Sommer Temperaturen von mehr als 50 Grad Celsius herrschen, haben sich die Anwohner ins Innere des Planeten zurückgezogen und pflanzen dort Bäume bei künstlichem Licht. Die Sonne sehen sie nur selten, denn es macht keine Freude, über verbrannte Felder und durch ausgeglühte Städte zu laufen.
Hier die Hitze, anderswo die Flut. Wälder sterben auch, wenn der Boden ausgespült oder versalzen wird. Wie du dir denken kannst, dehnen sich die Ozeane weiter aus.

Millionen Küstenbewohner von Los Angeles bis Kalkutta sind auf der Flucht. Und selbst wer sich eine schwimmende Behausung leisten kann, muss Hurrikane und Tsunamis fürchten. Keine Ahnung, wohin das noch führt. Bauen wir eine Arche oder kehren wir eines Tages dorthin zurück, wo das Leben entstanden ist, ins Meer, um als Amphibienmenschen zu überdauern? Nixen-Märchen und selbst Kapitän Nemos Abenteuer mit der ‚Nautilus' erfahren eine Renaissance. Doch ein Überleben unter Wasser – kann das die Zukunft sein? Nicht für mich. Ich will nicht auf Wiesen, Wälder, Himmel, Luft, Sonne und Wolken verzichten. Ich möchte ohne Kiemen atmen."

„Urgroßvater, warum setzt ihr immer nur auf Wachstum? Es ist viel besser, so wie die Natur in Kreisläufen zu produzieren. Man borgt sich etwas, um es zu nutzen, dann gibt man es wieder zurück."

„Du hast recht", tippe ich, „wir denken linear in Zuwächsen: mehr Rohstoff, mehr Energie, mehr Konsum, mehr Wohlstand. Nur, dass es nicht mehr funktioniert. Wir verbrauchen viel mehr Ressourcen, als die Erde regenerieren kann. In diesem Jahr haben wir unseren, von Global Footprint Network errechneten Ressourcen-Anteil schon im Mai aufgebraucht. Mit anderen Worten: Deutschland lebt sieben Monate auf Kosten anderer, vor allem ärmerer Länder."

„Vergiss nicht", erwidert Filipa, „dass ihr auch auf unsere Rechnung lebt! Ihr brecht den Generationenvertrag."

„Ich weiß. Heutzutage gibt es zu viele Krisen auf einmal zu bewältigen."

„Krisen, die ihr selbst verursacht. Die Welt ist keine Einbahnstraße, Great-Grandpa.“

„Du fragst, was aus den Olympischen Spielen, diesem friedlichen, völkerverbindenden sportlichen Wettstreit, geworden ist. Erschrick nicht, Great-Granddaddy, die olympische Idee wurde verraten.
Es begann mit dem kaum noch nachweisbaren Gen-Doping, bei dem Athleten und Athletinnen optimiert werden. Dann züchtete man perfekte, nein, perfekt angepasste Körper, die immer schneller laufen, immer weiter und höher springen, immer kräftiger stoßen und werfen konnten. Stell dir vor: So ein Sport-Design-Baby kommt schon als Mehrkämpfer oder als Turnerin zur Welt und muss nur noch Ausdauer und Disziplin üben. Beim Sprint – die 100 Meter unter acht Sekunden – siehst du fast nur Beine! Kugelstoßer ähneln Katapulten ... Ja, Urgroßvater, ich übertreibe. Aber das Speer- und Hammerwerfen musste, um die Zuschauer nicht zu gefährden, tatsächlich aus dem Stadion aufs freie Feld verlegt werden. Die Formel-1-Rennen finden wegen zu hoher Geschwindigkeiten und nach zahllosen Unfällen ohne Zuschauer statt. Selbst Schach, erst seit kurzem olympisch, geriet zur Farce, da die Spieler heimlich mit Superrechnern verbunden waren. Wenn unter dem Deckmantel ‚Olympia‘ ein Quantencomputer gegen den anderen antritt, hat niemand mehr Freude daran.
Nun tu nicht so erstaunt, Great-Grandpa. Ich weiß, wie sehr du dich für Sport begeisterst: Fußball, Leichtathletik, Biathlon ... Aber sei mal ehrlich: Wie oft schaust du

über Verdachtsmomente hinweg? Blutwäsche und das Schlucken von EPO und Anabolika sind auch nicht fair. Trotzdem ist die olympische Idee nicht totzukriegen. Es liegt wohl in der Natur des Menschen, dass er mit anderen seine Kräfte messen will. Schön, wenn es auf würdevolle Art und Weise geschieht. Seit die KI die Kontrolle im Leistungssport übernommen hat und für gleiche Bedingungen für alle sorgt, kehren auch Freude und Stolz zurück."

„Wie ich dir bereits schrieb, nutzen wir künstliche Intelligenz auch zur weltweiten Verständigung. Sprachbarrieren gibt es nicht mehr. Ich favorisiere mitunter den Gedankenaustausch. Da das nicht nur ein hohes Maß an Selbstbeherrschung erfordert, sondern auch Respekt vor der anderen Persönlichkeit voraussetzt, funktioniert es nicht mit jedem.

Mit Opa Janusch ist das kein Problem, wir kennen uns lange genug. Neulich hat er mir sein neues Projekt vorgestellt: der Deutsche Bundestag als Rätsellabyrinth. Die Stationen, die man virtuell auf dem Weg vom Plenarsaal ins Kanzleramt durchläuft, sind mit Aufgaben gespickt. Man erfährt nebenbei einiges über die deutsche Vergangenheit und die Weltgeschichte, etwa über die Wasserstoff-Affäre der FDP oder den Versuch von Trump Jr., sich mit Hilfe der Nordkoreaner an die Macht zu putschen.

Du fragst, wie wir die anschwellende Informationsflut beherrschen. Von Beherrschen kann keine Rede sein. Die bisherige Strategie, einen gigantischen Server-Turm nach dem andern zu errichten, der auch bis tief ins Innere unseres Planeten reicht, genügt nicht, um das Problem in den Griff zu bekommen. Seit dem globalen Daten-Crash im Jahr 2042 suchen wir mit Hochdruck nach sicheren Speicherformen.

Was ist noch sicher auf dieser Welt, Great-Granddaddy? Was hält ewig? Du glaubst nicht, was unsere Task-Force herausgefunden hat. Die sicherste Methode, Informationen über Jahrtausende zu bewahren, ist zugleich die älteste: Man meißelt sie in Stein. Das taten schon die in Höhlen hausenden Urmenschen. Ist das nicht kühn und komisch zugleich: Das neue, unzerstörbare Weltarchiv entsteht im Felsgestein unter der Mondoberfläche."

„Ich weiß, dass du dir das lieber nicht vorstellen willst: Bei der letzten großen Flut wurde die Elbmündung von der Nordsee geschluckt. Dänemark ist vom Festland abgeschnitten und das Meer erstreckt sich jetzt etliche Kilometer landeinwärts. Es darf nur noch von kleineren Booten befahren werden. Ich war dort mit Opa Janusch unterwegs, der nach Anregungen für die Stralsunder Wasserwelt suchte und fündig geworden ist. Denn Hamburg hat immer noch einiges zu bieten!

Alles, was mal am Wasser lag, liegt jetzt zwar im oder unterm Wasser, selbst das Wassermuseum – kein Witz! Die Alsterarkaden sind aber nach wie vor eine Pracht, auch wenn sie nun von Muscheln besiedelt und hauptsächlich von Fischen und Krabben besucht werden. Auf unserer Tauchfahrt kamen wir an den Passagen vorbei. Hinter wasserdichten, hell erleuchteten Schaufenstern wird wieder geshoppt. Immer noch schick und nobel, vornehm geht die Welt zugrunde … Hinab zum Hamburger Hof führt ein gläserner Fahrstuhl, auch imposant. Viel Grün ringsum, Tang und Seegras vor allem. Im Stadtpark züchten sie jetzt Garnelen und Tintenfische. Wir legten an der Alten Post an und setzten von dort unsere Erkundung zu Fuß durch eine luftgefüllte Röhre fort.

Am Nachmittag machten wir noch einen Abstecher nach St. Pauli zur Reeperbahn, wo das Wasser aber ziemlich trüb war. Schade, denn da schwammen hübsche Nixen und Transpersonen mit regenbogenfarbenen Flossen zu unserem Boot. Die wollten wohl Leute zum Sex anlocken.

Höhepunkt unseres Hamburg-Besuchs war ein Sinfoniekonzert in der Elbphilharmonie, das auch Wasser als Thema hatte: ‚Die Moldau' von Bedřich Smetana. Weißt du, was mich am stärksten beeindruckt hat, Great-Granddaddy? Dass ihr vorausschauend das Konzerthaus auf den alten Kaispeicher-Sockel gesetzt habt. So ragt es als gläserne Welle weithin sichtbar aus dem grauen Elb-Meer. Einfach genial! Deine Filipa."

Was war doch gleich Gendern?

Na bitte, meine Urenkelin hat Humor! Und auch ihre leichte Neigung zum Sarkastischen ist mir nicht fremd. Was mich besonders freut: Filipa verwendet in ihren Mails weder Gendersternchen noch andere diversitätsbetonende Zeichen, die doch bei der jungen Generation so hoch im Kurs stehen. Im Grunde schreibt sie wie ich. Tut sie das mir zuliebe? Ahmt sie, um leichter verstanden zu werden, meinen Stil nach? Oder ist sie eine Querschreiberin, die, aus welchem Grund auch immer, von der Norm abweicht?

Selbst auf die Gefahr hin, dass ich sie damit nerve, frage ich Filipa, ob Gendern noch Mode ist.

Ihre Antwort beruhigt mich:

„Sorry, Great-Granddaddy, ich musste erst mal meinen Chip fragen. ‚Gendern' heißt ‚Vergeschlechtlichen' – puh, was ist das denn?! Über unseren zentralen Datenspeicher wurde ich aufgeklärt. Das sei in den 2020er-Jahren der Versuch einer missionierenden Minderheit gewesen, auf sprachlicher Ebene Gleichberechtigung zwischen allen biologischen Geschlechtern zu erzwingen. Offenbar gelang das nur mit sperrigen Hilfsmitteln. Im Deutschen wählten sie dieses Sternchen (*), im Spanischen ein @.

Es ist ihnen jedoch zu keiner Zeit gelungen, eine Mehrheit für diese Art ‚Vergewaltigung' der Sprache zu gewinnen. Einige besonders Eifrige haben sogar Hand an Werke der Weltliteratur gelegt, nur wollte die verstümmelten Texte niemand mehr lesen. Und dann meldete sich die künstliche Intelligenz zu Wort. Sie fühlte sich als ‚nichtbiologisches schreibendes Geschlecht' übergangen und forderte die Einführung eines weiteren Sonderzeichens: des Unendlichkeitssymbols (∞). Die Weltverbesser*∞innen schrien auf. Statt sich um wirkliche (soziale) Gleichberechtigung zu kümmern, zog man (oder frau oder queer?) gegen die KI in den ‚Gender-Krieg', der schon deshalb nicht zu gewinnen war, weil Computer auch beim Erzeugen von Shit-Stürmen milliardenfach schneller und effizienter sind."

„Du schreibst doch nicht etwa fürs Kabarett, Filipa?"

„Nein, das ist Realsatire! Die kannst du auch gern als Zeitungskolumne verwenden. Aber keine Sorge, wir schreiben ohne Schnickschnack und lassen beim Sprechen keine künstlichen Lücken. Wir lesen Goethe, Shakespeare, Dostojewski und Cervantes im Original und erfreuen uns an ihrer schönen, wenngleich manchmal ungerechten Sprache. – Aber was die wirkliche Emanzipation betriff, habt ihr keinen Grund, euer Licht unter den Scheffel zu stellen. Ja, Scheffel (Bibel, Bergpredigt, Matthäusevangelium, kennst du sicherlich), ich liebe solche bildhaften Sprüche, die heute kaum noch jemand verwendet. Die jahrzehntelange Nutzung der sozialen Medien hat unseren Alltagswortschatz uniformiert und stark ausgedünnt."

„Welche Errungenschaften meinst du, Filipa? Falls du das Frauenwahlrecht und die verfassungsmäßige Gleichstellung der Geschlechter meinst, das haben sich schon unsere Mütter und Großmütter erkämpft.“

„Ich denke an die MeToo- und die Black-Lives-Matter-Bewegung, die mutige Frauen deiner Zeit angestoßen und über die ganze Welt verbreitet haben. Sie werden Herrscher vom Thron stürzen und Autokratien ins Wanken bringen. So viel darf ich verraten.“

„Sieht im Moment leider gar nicht danach aus. Aber wenn wir schon dabei sind, wie geht ihr mit Triggerwarnungen um? Ich meine aktuelle Bestrebungen, den Leser vor rassistischen und diskriminierenden Inhalten zu schützen. In den USA wurden deshalb schon Klassiker von Mark Twain, Joseph Conrad, Ernest Hemingway, Virginia Woolf und sogar von Stephen King aus den Bibliotheken verbannt.“

„Warte, ich check das schnell ... – Entwarnung, Great-Grandpa. Alle von dir genannten Autoren sind mit ihren Werken im Zentralspeicher erfasst. Einige ihrer Texte wurden mit kritischen Kommentaren versehen. Sie zu ‚korrigieren‘ oder zu verbieten, wäre lächerlich.“

„Und wie haltet ihr es mit kultureller Aneignung, Filipa?“

„Was zum Teufel ist das denn schon wieder? Moment ...“

Diesmal warte ich eine Stunde auf ihre Erwiderung. Was meine Urenkelin schreibt, stimmt mich nachdenklich.

„Ich musste mich wieder erst schlau machen, Urgroßvater. In der Tat, noch so ein Pseudoproblem deines Zeitalters, das total an der Wirklichkeit vorbeigeht. Warum soll die Übernahme von Ausdrucksformen oder Artefakten, von Mythen, Geschichte und Wissensformen einer anderen Kultur oder kulturellen Identität', wie es bei euch heißt, problematisch sein? Warum soll ein Mensch mit heller Hautfarbe keine verfilzten Haare oder Dreadlocks tragen und ein Dunkelhäutiger nicht in Lederhosen oder Dirndl herumlaufen dürfen? Warum nicht Tänze anderer Völker aufführen und fremde Lieder singen? Im Gegenteil, es ist gut, wenn sich Angehörige verschiedener Kulturen füreinander interessieren und dies offen bekunden. Wichtig ist nur, dass keine Kultur die andere dominiert, unterdrückt, verhöhnt oder leugnet. Wenn du wüsstest, wie stark sich bei uns die Völker und Kulturen vermischen! Das geht gar nicht anders, denn Anpassung ist eine Frage des Überlebens.

Vielleicht willst du ja noch wissen, wie wir mit euren Denkmälern verfahren? Grundsätzlich halten wir jede Form von Denkmalsetzung für eitel oder pathetisch. Aber stürzen wir deshalb historische Monumente? Nein, wir lassen sie stehen, selbst die hässlichen und fragwürdigen, und behandeln sie als Zeugnisse der Geschichte. Das heißt, wir informieren über ihre Entstehung und liefern die wichtigsten Fakten. Denn es macht einen Unterschied, ob sich ein Herrscher auf den Sockel heben lässt oder ein Volk, eine Volksgruppe oder eine kulturelle Minderheit das Andenken an eine geliebte, verdienstvolle Persönlichkeit wachhalten will, etwa an einen Erfinder, einen Arzt, eine Malerin, Wohltäterin oder einen Dichter. Dafür gibt es heute virtuelle Erinnerungsräume. Aber da ich, wie du weißt, eine Schwäche fürs Analoge habe, steht auf meinem Arbeitstisch immer eine handgroße Skulptur eines Gelehrten, den ich seit meinem Studium verehre. Nein, Great-Grandpa, nicht Karl Marx, nicht Sigmund Freud und auch nicht Albert Einstein.

Es ist der Evolutionsforscher Charles Darwin.“

Bruder Pablo: „Lass Filipa in Ruhe!“

Vielleicht ist etwas dran an der weit verbreiteten These, dass mit meiner – oder spätestens mit der Generation meines Sohnes – unser Komfort-Zeitalter endet. Die Alt-Bundeskanzlerin äußerte jüngst in einem ihrer rar gewordenen Interviews, sie sei dankbar, dass sie in einer „Ausnahmesituation“ habe regieren dürfen. Die Ausnahme: Während Angela Merkels Amtszeit gab es nur eine Finanz- und Flüchtlingskrise. Nun sei „Normalität“ eingekehrt. Terror, Krieg, Flucht, Vertreibung, Inflation, Hitze, Hochwasser, Stürme, Waldbrände – ist das das neue Normal, auf das wir uns einstellen müssen? Und warum tun wir so wenig dagegen? Wenn ich Filipa richtig verstehe, ist noch Zeit, das Schlimmste abzuwenden. Zeit, die bald abgelaufen sein wird. Manchmal höre ich hinter vorgehaltener Hand schon ein sarkastisches: Nach mir die Sintflut ...

Mal ehrlich: Würde ich an Filipas Stelle das Gespräch mit meinem Urgroßvater suchen?

Und doch liegt wieder eine Nachricht von ihr in meinem Postfach.

Nein, nicht von Filipa!

Mit großer Verwunderung lese ich: „Lass meine Schwester in Ruhe! Was willst du von ihr? Dass sie dein Gewissen entlastet?"
An Überraschungen aus der Zukunft habe ich mich ja inzwischen gewöhnt. Doch diese ist besonders.
„Hallo!", schreibe ich zurück. „Wer bist du?"
Mit vertrautem Plopp landet die nächste Mail in meiner Box.
„Ich bin Pablo, Filipas Bruder."
Wieder fühle ich mich überrumpelt. Warum hat Filipa ihren Bruder nie erwähnt? Seine Worte klingen nicht gerade wohlwollend. Und der Ton wird noch ruppiger, als ich von Pablo wissen will, wieso er mir anstelle seiner Schwester antwortet.
„Hör zu, Urgroßvater: Filipa würde es nie übers Herz bringen, dir zu sagen, wie es wirklich um uns steht. Da sie dich schonen will, schickt sie dir die Wahrheit scheibchenweise. Also sage ich es dir: Unser Leben ist ein Desaster."
Desaster, hallt es in meinem Kopf. Ich suche nach einer Erwiderung, doch meine Finger sind wie gelähmt.
Auch vom anderen Ende des Zeitkorridors kommt zunächst nichts mehr. Erst nach einer bedrückend langen Pause schiebt Pablo noch eine Mail nach und fragt, in welchem Jahr ich lebe.
Wieder passiert eine Weile gar nichts, dann bekomme ich eine Erklärung: „Mein Chip sagt mir, dass das nicht lange vor der Großen Dürre ist, die Asien, Afrika, den Südwesten der Vereinigten Staaten und Teile Mittel- und Südamerikas heimsuchen wird. Temperaturen bis 50 Grad

Celsius und monatelang kein Regen! Auch Europa wird unter der Jahrtausendhitze, so werdet ihr sie nennen, leiden. Ob du mir glaubst oder nicht, es kommt auf euch zu. Weil ihr nicht gegensteuert. Dabei habt ihr es immer noch in der Hand, uns ein Leben zu ermöglichen, das diesen Namen verdient. Doch ihr seht uns nicht. Nein, ihr seht uns einfach nicht! Ihr seht ja nicht mal eure Kinder! Keine Ahnung, warum meine Schwester einen Narren an dir gefressen hat. In meinen Augen seid ihr keine Narren, sondern Egoisten."

Alles in mir sträubt sich gegen meinen frischgebackenen Urenkel, der wie Kai aus der Kiste auftaucht und mich heruntermacht. Keinesfalls werde ich unwidersprochen hinnehmen, was er mir an den Kopf wirft.

Verärgert tippe ich: „Dann sag du mir doch, was wir anders machen sollen."

Ich rechne mit einer längeren Denkpause, doch Pablos Antwort walzt ohne Vorwarnung lawinenartig über mich hinweg. Keine Vorschläge, eine nicht enden wollende Kaskade von Forderungen:

Wachstum stoppen! Auf Luxus verzichten! Keine Waffen exportieren! Sofort aufhören, fossile Brennstoffe zu fördern! Gas- und Kohlekraftwerke abschalten! Ölraffinerien stilllegen! Nur noch Erdwärme, Sonne, Wind, Atom- und Wasserkraft nutzen! Ohne Zement bauen! Schluss mit extensiver Land- und Forstwirtschaft! Fleischkonsum reduzieren! Abholzung der Wälder stoppen! Keine Inlandflüge und keine Kreuzfahrten mehr! Den CO_2-Preis so stark anheben, dass sich selbst Streaming und Smartphone-Nutzung auf das Notwendige reduzieren ...!

Ich lese nicht weiter, da mir der Kopf schwirrt.
„Hör auf, Pablo! Erklär mir lieber, was das soll. Was willst du? Du verlangst Unmögliches von uns.“
„Ich will, dass ihr zur Vernunft kommt!“
Ich brauche einen Moment, um mich zu sammeln, dann tippe ich:
„Sind das deine Forderungen oder hast du mir weitergeleitet, was dein Chip für dich zusammengestellt hat?“
„Spielt das eine Rolle?“
„Ja. Denn du machst es dir zu einfach, Pablo. Wenn wir auch nur in Bruchteilen so radikal handeln würden, würde es euch überhaupt nicht geben. Es wäre das Ende der globalen Gemeinschaft. Die Wirtschaft und der Finanzsektor würden kollabieren, die Inflation ginge durch die Decke, und im Chaos würde der Stärkere dem Schwächeren an die Gurgel gehen.“
„Tut er das nicht längst? Unter dem Vorwand, humanitäre Werte zu verteidigen, rottet ihr ganze Volksgruppen und am Ende euch selber aus. He, Urgroßvater, schau mal über deinen Tellerrand!“
„Willst du eine Öko-Diktatur?“
„Wenn du wüsstest, wie satt ich eure Ausflüchte, Aufschübe und Verdrängungen habe! Eure Selbstgefälligkeit, eure himmelschreiende Ignoranz. Dieses ewige Bla-blabla, wie Greta sagen würde.“
„Und ich verstehe deine Weltfremdheit nicht, Pablo. Du hast keine Vorstellung von unserem Leben. Du weißt nicht, was für ein Erbe uns hinterlassen wurde. Du glaubst wohl, weil du deinen Chip hast, kennst du dich in unserer Zeit aus?“

Nach kurzer Pause schreibt Pablo, alle meine Einwände wegfegend:
„Ich brauche nicht zurückzuschauen. Ich sehe doch, wohin euer Zaudern und eure Verweigerung geführt haben. Zeitenwende? Dass ich nicht lache. Soll ich dir verraten, als was die 2020er-Jahre in die Annalen eingehen werden, Urgroßvater? Als zögerliche, vertane, vergeudete Jahre. Es wird Krieg in Europa geben, direkt vor eurer Haustür. Und es wird kommen wie immer: Ihr werdet das Unheil heraufziehen sehen und bis zum letzten Moment nicht glauben, dass es euch trifft. Ihr habt weder den Mut, der Wahrheit ins Auge zu blicken, noch den Mumm, das Notwendige zu tun. Weil es wehtun könnte? Weil ihr auf Teile eures Wohlstands und auf unbegrenzten Konsum verzichten müsstet? Nein, schreibe mir nichts. Kein Wort möchte ich mehr von dir lesen, auch nicht auf dem Umweg über meine Schwester. Adiós!“
Uff. Das also war Pablo, Filipas Bruder, von dessen Existenz ich bis vor einer Viertelstunde noch nichts wusste. Ich halte mal das Positive fest: Ich habe sogar noch einen Urenkel! Pablo ...
Ich muss an einen anderen Menschen dieses Namens denken, an den wohl bedeutendsten Künstler des 20. Jahrhunderts, und sehe die Fratze des Krieges: Guernica, die von deutschen Bomber-Geschwadern zerstörte Stadt. Pablo Picassos weltberühmtes Wandgemälde aus der Zeit des spanischen Bürgerkriegs.
Was meint mein zorniger Urenkel mit der Ankündigung, es werde wieder Krieg geben, direkt vor unserer Haustür? Krieg mitten in Europa? Wann? Wo? Auf dem Balkan?

Jagd auf fossile Milliardäre

Seit ihr Bruder seine schützende Hand über Filipa hält, lasse ich sie in Ruhe. Umso mehr bin ich überrascht, nach geraumer Zeit wieder eine Botschaft von ihr zu erhalten, zudem eine, nun ja – hoffnungsvollere?

„Hallo, Great-Granddaddy! Pablo weiß nicht, dass ich dir schreibe. Ich habe seine Mail an dich gelesen und finde, dass er entschieden zu weit geht. Er sieht schwarz, schon immer. Ich weiß nicht, von wem er das hat, von Opa Janusch bestimmt nicht. Zwar fegt gerade wieder ein Hurrikan der Kategorie 4 über die Nordsee und drückt das Wasser landeinwärts, weshalb sich die Küstenbewohner in höher gelegene Regionen zurückziehen müssen. Und Mecklenburg-Vorpommern kämpft den zweiten Sommer in Folge mit einer Heuschreckenplage, einer biblischen, wie ihr es nennen würdet. Biblisch ist auch, was in den Alpen passiert. Seit die letzten Gletscher verschwunden sind, geraten die Berggipfel ins Rutschen und begraben ganze Dörfer unter Geröll und Schlamm. Aber glaube nicht, Urgroßvater, dass wir schutz- und tatenlos dem Weltuntergang entgegendämmern. Die Welt geht ja gar nicht unter. Wir sind es, die im schlimmsten Fall von diesem Planeten verschwinden, weil wir ihn so stark verändern, dass wir bald nicht

mehr auf ihm leben können. Sagt Pablo. Ich sage immer noch, soweit muss es nicht kommen.
Es gibt auch positive Entwicklungen: Durch Aufklärung, Geburtenkontrolle und freiwilligen Verzicht auf Nachkommen ist es gelungen, die Erdbevölkerung auf unter acht Milliarden zu begrenzen. Wir atmen saubere Luft, denn die meisten Städte sind klimaneutral und nahezu frei von Feinstaub. 80 Prozent des weltweiten Straßen-, Schienen-, See- und Luftverkehrs basieren auf umweltfreundlichen Antrieben, und seit die Grünen ihren Widerstand gegen den Bau moderner, sicherer Kernkraftwerke aufgegeben haben, wird der Energiebedarf ausschließlich ökologisch gedeckt. Zu einem nicht geringen Prozentsatz auch mit Kernenergie.
Wohin der strahlende Müll entsorgt wird? Stell dir vor: direkt in die Sonne!
Ja, man muss kühn denken. Wer das finanziert? Es war nicht leicht, die Superreichen zu überzeugen, auf ihre sündhaft teuren und vollkommen überflüssigen Ausflüge ins All zu verzichten und das Geld lieber für kosmische Atommülltransporte einzusetzen. Jede Woche heben von den Weltraumbahnhöfen in China, Europa, Japan, Indien, Australien, Südafrika, Brasilien und den USA Transporter mit radioaktivem Abfall ab.
Ich kann dir sagen, weshalb einige der Multimilliardäre eingelenkt haben: Wenn man bei guter Gesundheit 100 bis 130 Jahre alt werden kann, will man nichts mehr riskieren. Flüge in den Orbit, zum Mond und zu erdnahen Asteroiden sind zwar längst Routine, dennoch passiert es, dass mal eine Rakete beim Start explodiert oder eine

Landekapsel bei der Rückkehr in der Erdatmosphäre verglüht. Jeder Weltraumflug birgt ein erhöhtes Risiko.

„Das hört sich für mich wie aus einem Märchenbuch an, Filipa. Nicht: Es war einmal. Sondern: Es wird einmal ..."

„Man muss an das Gute im Menschen glauben, das sage ich auch zu meinem Bruder. Das heißt ja nicht, vor Profitstreben und Konkurrenzdenken die Augen zu verschließen. Aber die Welt ist nie nur schwarz-weiß, Great-Granddaddy. Es gibt auch eine ganze Reihe von Global Playern, die ihre Gewinne für wohltätige Zwecke einsetzen. Das war schon zu deiner Zeit so. Denk an die Bill-und-Linda-Gates-Stiftung.

Mein Chip sagt, dass der Microsoft-Mitbegründer Bill Gates mehr als 36 Milliarden US-Dollar für die weltweite Gesundheitsversorgung und Bekämpfung extremer Armut investiert und wie angekündigt bis zum Lebensende 95 Prozent seines Vermögens an sie abgegeben hat."

„Bill Gates hat demnach Wort gehalten?"

„Wie noch einige andere. Zum Beispiel der Amazon-Gründer Jeff Bezos oder der indische IT-Unternehmer Azim Premji. Die Enkel von Elon Musk finanzieren mit dem Vermögen ihres Großvaters Survival- und Renaturalisierungsprojekte. Ein neugepflanzter Regenwald wurde auf den Namen Warren Buffett getauft, von dem der größte Teil der Spenden stammt.

Aber ich verstehe deine Skepsis. Um eine Welt, die Gutmenschen nötig hat, kann es nicht gut bestellt sein. Doch sieh auch mal, was wir erreicht haben: Wir wer-

den älter als alle Generationen vor uns. Der Krebs wurde besiegt und gegen Pandemien sind wir gewappnet. Mit Hilfe der KI ist heute im Grunde jede Krankheit heilbar, vorausgesetzt, der Patient zahlt dafür.
Wer Geld für eine Zellerneuerung und die Substitution wichtiger Organe hat, lebt länger. Aber auch gefährlicher. Denn die Kehrseite der Medaille ist: Öko-Terroristen machen gnadenlos Jagd auf reiche Unternehmer, die ihr Vermögen dem Handel mit fossilen Brennstoffen oder Geschäften mit umweltschädlichen Produkten verdanken. Die können sich nirgendwo mehr sicher fühlen.
Was soll ich sagen, Urgroßvater. Die einen hungern, die anderen ersticken im Wohlstand, da hat sich kaum etwas geändert. Für eine gerechtere Welt werden Pablo und ich weiter kämpfen. Deine Filipa.“

Wo bleibt das Schwesterliche?

Beruhigend, geschweige denn ermutigend klingt das alles nicht. Aber wir wälzen nicht nur schwere Themen. Ich bekomme auch Zukunftsmails, die mir Vergnügen bereiten.

„Hallo, Great-Granddaddy! Was mir gerade aus meiner Schulzeit wieder einfällt: Im Musikunterricht haben wir uns mal mit euren Liedern beschäftigt. Die sind wirklich sonderbar oder krass, wie Opa Janusch sagen würde. Ich weiß nicht, ob das alles Volkslieder waren. Für mich klingt befremdlich, wenn es in einer Strophe heißt: ‚Brüder zur Sonne zur Freiheit'. Oder: ‚Dort steht ein Mann, ein Mann fest wie eine Eiche'. Oder: ‚Brüder, seht die rote Fahne'.

Die Losung der französischen Revolution ‚Freiheit, Gleichheit, Brüderlichkeit' kenne ich natürlich. Und ich weiß auch, wofür die Arbeiterfahne gestanden hat. Aber immer nur Brüder, immer nur Männer? Warum spielt die Frau in euren Liedern keine Rolle? Wo bleibt bei all der Brüderlichkeit das Schwesterliche und Diverse?"

„Liebe Filipa! Zunächst mal: Das sind nicht meine Lieblingslieder. Einige davon haben wir in der Schule gelernt.

Gesungen wurden sie nur bei Feiern, Demonstrationen und anderen offiziellen Anlässen.
Ja, Arbeiter- und Kampflieder sind martialisch und männerlastig. Der Mann stählt seine Muskeln und zieht in die Schlacht, die Frau steht am Herd und hütet die Kinder – so war das über Jahrhunderte. Unsere Liedermacher haben daran angeknüpft. Das ist mir in meiner Jugend gar nicht aufgefallen. Ziemlich antiquiert, manchmal auch peinlich, da hast du recht.
Mit wenigen Ausnahmen. Wenn etwa der in meiner Studentenzeit populäre Hannes Wader singt: ‚Leben einzeln und frei,/wie ein Baum und dabei/brüderlich wie ein Wald,/diese Sehnsucht ist alt', sind für mich die Schwestern ganz selbstverständlich dabei. Das Brüderliche kommt ja noch aus einer Zeit, als die Frau in der Familie nur die zweite Geige spielte, wenn überhaupt.
Furchtbar finde ich diesen 1954 in der DDR geschriebenen Song: ‚Auf ihr Frauen/helft uns bauen/an der Liebe Weltenreich./Es zu krönen/aus den Söhnen/erzieht uns Kinder heldengleich'. Aber den kannte damals und kennt heute sowieso niemand.
Aber nochmal, das sind nicht *unsere* Lieder, Filipa. Jetzt sage ich dir, was ich gern höre: ‚Imagine' von John Lennon. ‚Diamonds & Rust' von Joan Baez oder ‚No Woman, No Cry' vom Reggae-Guru Bob Marley. Ja, auch den ‚Männer'-Hit von Herbert Grönemeyer, der ironisch fragt: ‚Wann ist der Mann ein Mann?' Gute Frage, dein Urgroßvater."
Und nur ein paar Tage später überrascht mich Filipa mit einer Mail, in der sie mich zum Rollentausch auffordert:

„In deinem Wasserbuch ist ein Fragebogen abgedruckt, den du für Mitglieder der Fridays-for-Future-Bewegung entworfen hast. Sehr interessant. Ich finde jedoch, dass auch du dich deinen Fragen stellen solltest."
Mein Wasserbuch? Meint Filipa das Projekt, an dem ich seit Längerem arbeite und mit dem es nur noch schleppend vorangeht? Woher weiß sie ...? Vielleicht, denke ich und schöpfe Hoffnung, wird es ja doch irgendwann einmal fertig.
Ich nehme meine Manuskriptmappe aus dem Regal, schaue mir auf Seite 76 die Fragen an und vergleiche sie mit jenen, die mir Filipa gemailt hat. Sie sind, abgesehen von kleinen Ergänzungen, identisch. Keiner der Fridays-for-Future-Aktivisten meiner Stadt wollte sie mir beantworten.
Gut, dann tu ich es eben selber, für meine Urenkelin:

„*Hast du den Eindruck, dass die ältere Generation auf Kosten der jungen lebt?*
Zweifellos, auch wenn es manche, sogar einige meiner Freunde, nicht immer wahrhaben möchten.

Wie kann man ältere Menschen überzeugen, auch einen Beitrag zur Begrenzung der Erderwärmung zu leisten?
Indem man sie fragt, ob ihnen das Wohl ihrer Kinder und Enkel gleichgültig ist.

Was kannst du wie jeder andere auch dazu beitragen, die Emissionen zu senken?
Weniger fliegen, nur notwendige Strecken mit dem Auto

fahren, mich bewusst ernähren, und vor allem maßvoll konsumieren.

Worauf wärst du für ein besseres Klima am ehesten bereit zu verzichten?
Auf Streaming-Dienste, Online-Bestellungen und Markenkleidung.

Was würdest du mit anderen teilen: Auto, Wohnung, Werkzeug, Bücher ... ?
Alles, nur nicht die Frau.

Wie ernährst du dich?
Von viel Obst, Hülsenfrüchten und Gemüse. Fleisch oder Fisch kommen in der Regel einmal pro Woche auf den Tisch. Trotzdem – oder gerade deshalb – geh‘ ich auch gern mal zu einer Grillparty.

Wie stehst du zu Fertigprodukten und sogenanntem Fastfood?
Nach Fertigprodukten greife ich höchstens einmal unter Zeitdruck, Fastfood kommt mir nicht in die Tüte.

Könntest du auf dein Smartphone verzichten?
Noch vor wenigen Jahren hätte ich rigoros mit Ja geantwortet. Jetzt sage ich Nein, denn ich nutze es täglich als Kommunikations- und Arbeitsmittel.“

Klick, und der Fragebogen reist zurück in die Zukunft. „Zurück in die Zukunft“, hieß nicht eine Science-Fiction-Komödie so? Leider fehlt mir der Chip im Kopf, und noch sind mir auch keine Quantencomputer zu

Diensten. Also rufe ich über mein Smartphone Wikipedia auf und erfahre, dass die Trilogie (Regie führte Robert Zemeckis) die Zeitreisen des Jugendlichen Marty McFly (Michael J. Fox) und seines Freundes Dr. Emmett L. „Doc“ Brown (Christopher Lloyd) zwischen den Jahren 1955 und 2015 zeigt.

2015, denke ich schmunzelnd. Wie die Zeit vergeht. Die Zukunft ist bereits Vergangenheit.

Vom Ende der Rostbratwurst

Als ich die Mail am nächsten Morgen nochmal überfliege, bringt mich der Schluss des Fragebogens auf eine Idee. Ich sehe täglich auf der Straße, auf Spielplätzen, im Supermarkt und im Fernsehen, was falsche Ernährung und Bewegungsmangel anrichten. So viele dicke Kinder gab's noch nie. Jedes vierte, entnehme ich einer Statistik, ist übergewichtig. Man könnte das als Wohlstandsproblem, unter dem auch wir Erwachsenen leiden, abtun, wenn es unser Gesundheitssystem nicht an seine Belastungsgrenze brächte. Und sicherlich sind auch Frust, Faulheit und Langeweile mit im Spiel. Corona liegt ja noch nicht so weit zurück. Es gab Lockdowns, kaum Präsenzunterricht, und viele Sportvereine mussten pandemiebedingt schließen. Jetzt wirkt das Gesetz der Trägheit. Es ist schwer, nach der verordneten Ruhe wieder in Bewegung zu kommen. Dabei könnte man das Übel an der Wurzel packen, wenn zum Beispiel an Schulen mehr Aufklärungsarbeit geleistet würde und alle an einem Strang zögen.

„Ganz richtig", bestätigt Filipa, „genau dort haben wir angesetzt. Aber Geduld, Great-Grandpa, das dauert noch ein bisschen. Denk an die Raucher. Mein Chip sagt, dass noch in den 1990er-Jahren im öffentlichen Raum geraucht werden durfte, obwohl längst bekannt war, dass Nikotingenuss krebserregend ist. Es bedurfte erst einiger Millionenklagen, um die Macht der Tabakkonzerne zu brechen."

Stimmt, denke ich. Ob in der Kneipe oder im Café, selbst im Büro und in der Betriebskantine wurde man zum passiven Mitrauchen gezwungen. In der Bahn gab es zwar Nichtraucherabteile, doch wer hielt sich schon daran. Ganz zu schweigen von der flächendeckenden Zigaretten-Werbung auf Bahnhöfen, an Bushaltestellen und sogar im Kino, vor der Kinder und Jugendliche nirgendwo sicher waren.

„Wie habt ihr das Zuckerproblem in den Griff bekommen?", tippe ich. „Zucker steckt doch in fast allen verarbeiteten Lebensmitteln."

„So wie ihr die Zigarettenhersteller gezwungen habt, auf der Schachtel vor den tödlichen Gefahren des Rauchens zu warnen", schreibt meine Urenkelin, „hat man auch die Süßwarenindustrie in die Pflicht genommen. Die Aufdrucke waren nicht ganz so abschreckend, doch deutlich genug. Die Warnung richtete sich ja auch mehr an die Eltern. Auf Tafeln mit süßer Kinderschokolade stand: ‚Überzuckert! Sie gefährden die Gesundheit Ihres Kindes!' Auf Fruchtjoghurt-Bechern konnte man lesen: ‚Vorsicht! Künstliche Aromen!' und auf einigen Vitaminsäften: ‚Achtung! Kein Naturprodukt!'. Chips- und Popcorn-Packungen durften nur noch mit dem Hinweis ‚Fett macht fett!' verkauft werden.

Das war der erste Schritt. Dann wurde die Gummitierchen-Werbung verboten."
„Das glaube ich jetzt nicht, Filipa. Verbote haben doch noch nie etwas gebracht."
„Die Aufkleber haben bei manchen ein Nachdenken bewirkt. Heute wacht die KI darüber, dass überzuckerte und fetthaltige Lebensmittel gar nicht erst auf den Markt gelangen. Sie kontrolliert auch das Angebot in den Schulküchen und Kantinen.
Ernährungskunde ist an den meisten Schulen Pflichtfach, und jeder weiß schon von Kindesbeinen an, dass er, um fit zu bleiben, Sport treiben muss. In den Unterrichtspausen werden Yoga und Gymnastik angeboten. Dreimal pro Woche gibt es eine Stunde Bewegung, bei schönem Wetter im Freien, und im Sportunterricht wählt jeder seine Lieblingsdisziplin, denn es soll Spaß machen. Übergewichtige Kinder findet man kaum noch, und falls doch, hat das genetische Ursachen und wird medizinisch behandelt."
Das ist, denke ich, doch mal eine wirklich gute Nachricht, und frage nach Filipas Lieblingssportart. Tanzen. War ja klar. Ich zögere einen Moment, ehe ich tippe:
„Entschuldige bitte, falls ich zu direkt bin. Was wiegst du?"
„Warum willst du das wissen?"
„Nur so."
„Ich wiege 73,5 Kilo, was bei einer Körpergröße von 1,89 Meter unter das Normalgewicht fällt."
Mein erster Gedanke: Oh, meine Urenkelin ist ein Zentimeter größer als ich!

Mein zweiter: Wachsen uns die Nachkommen über den Kopf?
Da Filipa auf Erläuterungen verzichtet, frage ich auch nicht weiter nach. Zumal sie mich gleich mit ihrer nächsten Mail wieder auf die gesellschaftlichen Probleme lenkt:
„Vergiss nicht, dass die Welt, wie du es nennen würdest, ‚aus den Fugen' ist. Hamlet, nicht wahr? Häufig kommt es wegen extremer Wetterereignisse zu Missernten. Wir kämpfen gegen Unterernährung. Für Millionen Menschen, die auf der Flucht sind, ist Hunger ein ständiger Begleiter, und wir können nicht allen helfen."
Überhaupt, was tun gegen Hungerkrisen in Diktaturen und ärmeren Ländern? Wie die Millionen Opfer von Flut- und Dürre-Katastrophen mit Nahrung versorgen? Stehen da nicht die reichen Nationen, die den größten Ausstoß von Treibhausgasen zu verantworten haben, in der Pflicht?
Ich frage meine Urenkelin, wie sie das Ernährungsproblem lösen wollen.
Da müsse sie mich enttäuschen, schreibt Filipa, von einer globalen Lösung sei man meilenweit entfernt. Es sei ein Wettlauf mit der Zeit, da sich das Problem zuspitze. „Natürlich werden die hochentwickelten Industrieländer, die zur Klimakatastrophe am meisten beigetragen haben, zur Kasse gebeten, so wie es der Weltklima-Gerichtshof in seinem Grundsatzurteil von 2036 fordert.
Aber die Ausgleichszahlungen genügen bei Weitem nicht. Und manche Nationen zahlen auch nicht. Sie

schotten sich ab. Durch die Erderwärmung werden ganze Landstriche unfruchtbar, und die Flüchtlingsströme bewegen sich dorthin, wo der Anbau von Nahrungsmitteln noch möglich ist. Diese Menschen, wir nennen sie Klima-Nomaden, haben alles verloren. Sie müssen ernährt und versorgt werden."

Andererseits biete Mütterchen Erde immer noch genug Nahrung für alle, betont Filipa, auch dank technologischer Fortschritte. Vor allem die Ozeane mit ihren unerschlossenen Ressourcen rückten in den Fokus.

„Der Großteil des Proteinbedarfs wird heute über Algen gedeckt, die im Meer geerntet oder in Wasserfarmen gezüchtet werden. Das hat zudem positive Effekte fürs Klima. Algen produzieren Sauerstoff und binden große Mengen an CO_2. Speziell entwickelte Arten haben begonnen, das Mikroplastik zu vertilgen, das sich über die Gewässer verteilt hat.

Die Landwirtschaft wurde umgestellt; Monokulturen und Massentierhaltung gehören der Vergangenheit an, und die Mehrheit der Bevölkerung ernährt sich vegan. Das mag auf euch vielleicht abschreckend wirken, aber vegan bedeutet für uns keinerlei Verzicht auf Lebensqualität. Die Geschmacksnerven lassen sich stimulieren, und Genuss hat letztlich auch mit Fantasie zu tun. Oder in eurer Sprache ausgedrückt: Muss es unbedingt ein bloody Steak sein, in das man seine Zähne gräbt?"

„Danke, Filipa. Wir leben halt noch im Raubtierstadium."

„Sei nicht gleich eingeschnappt, Great-Grandpa. Fleischesser bist du doch, oder? Klar, denn du lebst in

Thüringen, im Land der Dichter und Rostbratwürste. Weißt du eigentlich, wie viel Wasser für die Erzeugung einer einzigen Bratwurst verbraucht wird? Du kannst die Aufgabe selber lösen: Ein Kilo Schweinefleisch verursacht im Schnitt 5988 Liter. Eure Wurst wiegt, sagt mir mein Chip, zirka 120 Gramm. Also?"

Um Zeit zu gewinnen, tippe ich: „Moment. Ich muss erst meinen Rechenschieber suchen."

„Rechenschieber ...? Ah, algorithmischer Stab, erfunden 1622 von dem anglikanischen Geistlichen Oughtred. Jetzt bindest du mir aber einen Bären auf, Urgroßvater! Also gut, dann betrachte es als Hausaufgabe. Oder frage den Metzger deines Vertrauens."

„Alle Achtung, Filipa! Du bist aber heute gut drauf."

„Willst du gar nicht wissen", mailt meine Urenkelin noch, „ob Fleischer und Wurstmacher eine Zukunft haben? Nein, sie sind ausgestorben. Aber zu deiner Beruhigung: Auch am Jahrhundertende muss niemand auf Fleischmahlzeiten verzichten. Allerdings sind Buletten, Schnitzel, Brätel, Hähnchenkeulen und was ihr euch sonst noch so einverleibt, der pure Luxus, da sie im Labor aus Stammzellen erzeugt werden. Auch für die weiterhin gehandelten Wurstprodukte, da gehört das Eichsfeld zu den Weltmarktführern, muss kein Tier mehr bluten."

„Und die Thüringer Rostbratwurst?"

„Wird im 3D-Drucker ausschließlich mit pflanzlichen Zutaten gestopft. Die echte findet man nur noch im Museum. In Mühlhausen ist das letzte aus Massentierhaltung erzeugte Exemplar ausgestellt – als abschrecken-

des Beispiel für ungesunde und nicht nachhaltige Ernährung.
Sorry, ich wollte dir nicht den Appetit verderben, Great-Granddaddy!“
Wir legen eine Pause ein. Das muss ich erstmal verdauen. Zweifellos hat meine mich nicht nur an Körpergröße überragende Urenkelin recht, Fleisch ist ein Klimakiller. Trotzdem mag ich nicht klein beigeben. Beim Tippen juckt es mir regelrecht in den Fingern:
„Du bist, wenn ich mich nicht irre, wie ich auch, Kaffee-Trinkerin, Filipa. Dann weißt du sicherlich, dass für die Erzeugung einer Tasse Kaffee im Durchschnitt 140 Liter Wasser nötig sind. Habe ich mit meinem algorithmischen Stab ausgerechnet. Ich trinke drei bis vier Tassen am Tag. Wie viele trinkst du?“

Seelenwanderung zu den Sternen

Manchmal, wenn wieder nur schlechte Nachrichten über den Fernsehschirm flimmern, schalte ich ab und lege eine Schallplatte auf. „Peer Gynt“ von Edvard Grieg oder ein Live-Konzert mit Neil Young and Crazy Horse. Man muss ab und zu die Seele baumeln lassen. Dann überlege ich, was Filipa an meiner Stelle machen würde und wie ich mich fühlen würde, wenn ich, wie sie, 100 Jahre später geboren wäre.

Und dann erreicht mich wieder eine Mail von ihr:

„Hallo Great-Granddaddy, eigentlich wollte ich, dass mein Bruder dir schreibt. Ich habe lange mit ihm gesprochen. Doch Pablo weigert sich. Er will keinen Kontakt zu dir, weil ihr uns diesen kaputten Planeten vererbt habt. Ja, er macht dich persönlich dafür mitverantwortlich. Seine Wut hat sich noch verschärft, seit er für eine Organisation arbeitet, die verlassene Städte und leerstehende Fabriken abreißt. Systematisch entfernen sie Dächer, Mauern und Schornsteine, entsiegeln die Böden, damit die Natur sich wieder ausbreiten und frei atmen kann. Neue Metropolen errichten wir schon lange nicht mehr. Wo auch? Ihr habt uns ja gar keinen Platz gelassen. Alle schönen Flecken sind zugebaut.

Hast du dir mal Luftaufnahmen von Megastädten wie Tokio, Rio de Janeiro, New York, Mexico-City oder Chongqing angeschaut? Die reinsten Betonwüsten! Endlose versiegelte Flächen. Nichts als Häuser, Straßen und Plätze von Horizont zu Horizont. Wir versuchen, sie zurückzubauen und wieder in bewohnbare Areale mit Parks, Gärten und Wäldern zu verwandeln. Flüsse erhalten ihren ursprünglichen Verlauf und Tiere ihren angestammten Lebensraum zurück. Der Verkehr fließt unter der Erde. Neu gebaut wird nur noch in die Höhe und in die Tiefe, auch unter Wasser und im gar nicht mehr so unwirtlichen Norden. Selbst in den überfluteten Küstenstädten Hongkong und Sidney entsteht wieder eine Infrastruktur."

Ich nehme den Gesprächsfaden auf, wechsle dann aber das Thema und finde zu meinem Humor zurück.

„Ach, Urenkelin, heute will ich mal eine Sache anreißen, über die man nur ungern spricht: die eigene Beerdigung. Man mag ja nicht mal daran denken. Es sei denn, man hält sich für sehr bedeutend.

Wie ich darauf komme? Eine Leserin wollte mir eine Freude machen und hat mir Jürgen Kuczynskis Buch zukommen lassen, das mit den Briefen an seinen Urenkel. Nun habe ich zwei Exemplare. Als ich noch einmal das Inhaltsverzeichnis überflog, blieb ich diesmal an der letzten Frage hängen: ‚Warst Du eigentlich mit Deiner Beerdigung zufrieden, Urgroßvater?' Fragt so etwas ein Urenkel? Egal. Kuczynski antwortet mit feiner Selbstironie: ‚Natürlich freue ich mich, auf dem Intelligenzfriedhof, dem Dorotheenstädtischen, zu liegen, wo ich aus alten Zeiten mit Fichte und Hegel und aus meiner Zeit mit meinen Genossen Becher und Brecht und Eisler zusammen bin.‘

Wenn er sich da mal nicht getäuscht hat! Zwischen Marxisten gibt es ständig Streit, Filipa, ganz besonders bei Dichtern wie Johannes R. Becher und Bertolt Brecht, die einander nicht ausstehen konnten. (Frag deinen Chip!)

Bestimmt kannst du mit einer hohen Lebenserwartung rechnen und machst dir über solche Dinge noch keine Gedanken. Ich habe mir bereits meinen Ruheplatz ausgesucht – nicht auf einem Friedhof, sondern unter einer jungen, vitalen Buche im Wald. Es gibt sie noch nicht lange, diese Ruhewälder oder Friedwälder. Noch will ich meinem Baum eine Weile beim Wachsen zusehen. Aber wenn es mal soweit ist, soll niemand eine Rede halten. Bei meiner Beisetzung darf musiziert, gelacht und gesungen werden. Und nichts gegen einen guten Schluck! Sekt oder Rum, wie es beliebt. Worüber gesprochen wird, werde ich leider nie erfahren. Frag bei Gelegenheit mal deinen Opa Janusch. Er wird sich hoffentlich noch daran erinnern.“

Wenige Wochen nach dieser Mail teilt mir Filipa mit, dass sie sich bei meinem Sohn über mein Waldbegräbnis erkundigt hat. Punkt. Nichts weiter. Dafür erzählt sie mir, wie Bestattungen am Ende des 21. Jahrhunderts praktiziert werden.

Getreu dem Bibel-Spruch „Erde zu Erde, Asche zu Asche, Staub zu Staub“ überlasse man die sterblichen Überreste den Elementen – der Erde, dem Feuer, dem

Wasser und dem Wind. Dabei gehe es sehr frei zu. Friedhöfe würden nicht mehr für Bestattungen genutzt. Historisch bedeutsame Begräbnisstätten dienten zwar noch musealen Zwecken, es kämen aber keine Grabsteine mehr hinzu, und Namensschilder auf Wiesen und an Bäumen gebe es ebenfalls nicht.

„Warum auch? Wir gedenken unserer Verstorbenen in virtuellen Räumen. Dort sind sie auf ihre Weise noch lebendig. Unsere Vorfahren existieren als Hologramme weiter. Wir können sie jederzeit auf einer digitalen Plattform besuchen und uns mit ihnen unterhalten. Sie leben symbolisch in einer von uns abgekoppelten Ewigkeit. Wie Opa Janusch erzählte, wurden schon zu deiner Zeit Bilder und Texte auf erste virtuelle Trauerportale hochgeladen, die man in eurem World Wide Web finden konnte. Heute treffen sich die Angehörigen dort, um mit dem Verstorbenen Geburtstag zu feiern oder den Kontakt aufrecht zu erhalten, was besonders für die Kinder und Enkel wichtig ist. Auch Seebestattungen sind noch üblich, und manch einer wählt für sich die Sterne."

„Die Sterne?"

„Ich weiß, wie abgehoben das klingt. Ist es ja auch. Für viel Geld wird sein Hologramm mit einer Sonde ins All geschossen, wo es zu fernen Welten entschwebt. Ein Minireaktor versorgt es mit Energie, denn so eine Reise kann Hunderttausende von Jahren dauern. Ein virtueller Geist besitzt zum Glück kein Zeitgefühl. Einige Menschen verfügen sogar, dass nach ihrem Tod ihr Hirn eingefroren und quer durch unsere Milchstraße geschickt wird. Sie hoffen, dass eine hochintelligente Spezies es findet und wieder zum Leben erweckt."

„Eine sehr spezielle Art von Auferstehung", maile ich.

„Nicht spezieller als das Jüngste Gericht, an das auch noch viele glauben. Der Klimakollaps hat einen Aufschwung der Religionen bewirkt. Auch das Christentum steht wieder in voller Blüte. Es gebe, trösten die geistlichen Oberhäupter, für den Gläubigen eine bessere Welt. Wo? Mir reicht ein Eintrag ins Online-Gästebuch der Erde. Wir sind doch alle nur Glieder in der langen DNA-Kette der Menschheit, nicht wahr, Urgroßvater? Und ein jegliches hat seine Zeit."

„Amen", tippe ich.

Aperol Spritz mit Autoabgasen

Ein paar Tage später schreibt mir Filipa: „Du hast ein Buch mit dem Titel ‚Dialog mit meinem Urenkel' von einem gewissen Jürgen Kuczynski erwähnt, Great-Grandpa. Es wurde nicht in die Digitale Weltbibliothek aufgenommen, doch ich fand ein vergilbtes Exemplar bei Opa Janusch. Tut mir leid, ich konnte es nicht zu Ende lesen, beim besten Willen nicht. Der Mann mag ja zu deiner Zeit auf seinem Gebiet eine Koryphäe gewesen sein, doch auf mich wirkt er – wie soll ich es sagen? – eitel und selbstzentriert. Er interessiert sich nicht wirklich für seinen Urenkel, benutzt ihn eher als Stichwortgeber, um sein Leben zu erzählen. Bemerkenswert fand ich eine deiner handschriftlichen Anmerkungen auf Seite 179 des Buches: ‚Kucz. war der Überzeugung, sein Urenkel könne ungeheuer viel von ihm lernen. Warum? Weil er die marxistische Weisheit mit Löffeln gefressen hatte? Ist es nicht eher so, dass wir lernen müssen, die Welt mit den Augen unserer Nachfahren zu betrachten?' – Wie meinst du das?"

„Du wirst es nicht glauben, Filipa", erwidere ich, „aber die von dir zitierten Sätze habe ich soeben erst beim

Wiederlesen ins Buch gekritzelt. Die Tinte, könnte man sagen, ist noch nicht getrocknet."
Bei dem Gedanken läuft es mir kalt über den Rücken. Dieser Zeitkorridor, durch den wir uns, nun ja, unterhalten, ist ein unglaubliches und zugleich unheimliches Ding! „Aber nochmal zu dem Buch", tippe ich weiter. „Auch ich blicke inzwischen kritisch auf den marxistischen Wirtschaftshistoriker. Zumal Kuczynski nach dem Zusammenbruch der DDR noch eine Fortsetzung mit weiteren Briefen an seine Urenkel – im neuen Band sind es derer zwei – verfasst hat. ‚Ach, wie irrte ich', teilt er im Vorwort seinen Lesern mit. ‚Wie anders, und wie notwendig anders sind heute so viele Fragen.' Dennoch bleibt der nun 92-Jährige in seinen Denkmustern befangen und tut, als bräuchten die Nachkommen seine Ratschläge als Richtschnur für ihr Leben. Als könnte er, der in die Verheißungen und Irrtümer des 20. Jahrhunderts verstrickte Urgroßvater, ihnen sagen, wo es langgeht. Ich fürchte, dass, von heute aus betrachtet, in dieser Überzeugung ein Kardinalfehler steckt.
Natürlich sind Erfahrung und Weisheit wichtig. Ich habe Respekt vor jeder Lebensleistung, egal ob sie von einem Wissenschaftler, Handwerker, Künstler, Manager, Lehrer, Arbeiter, Arzt oder einer Hebamme erbracht wird. Dennoch: Statt kluge Ratschläge zu erteilen, sollten wir, eure Vorfahren, uns lieber in Bescheidenheit üben und selbst hinterfragen. Irren ist menschlich. Vielleicht können wir euch wenigstens sagen, wo es *nicht* langgeht."
Kuczynski hin oder her, die Gefahr, dass mir Filipa ein Loch in den Bauch fragt, besteht eher nicht. Ich bin

froh, dass sie – an Pablo vorbei – mir überhaupt noch schreibt. Umso mehr freue ich mich, wenn sie tatsächlich mal etwas über ihren Urgroßvater wissen will. So wie in ihrer nächsten Mail:

„Hallo, Great-Granddaddy, lassen wir mal die beschissene (Sorry, solche Wörter benutzt ihr natürlich nicht) Weltlage beiseite. Erzähl mir, was du so machst. Was bereitet dir Freude und worüber regst du dich auf?"

„Tja, was tun Urgroßväter? Sie liegen die meiste Zeit auf der faulen Haut und warten auf die Auszahlung ihrer Rente, die immer erst am letzten Tag des Monats erfolgt. Ja, wir kriegen noch was aus der Rentenkasse, Filipa. Noch kann die Versicherung zahlen. Aber ob bei der demografischen Entwicklung die heute 20- bis 30-Jährigen jemals Rente bekommen werden, steht in den Sternen. Okay, du brauchst kein Horoskop, du musst nur Opa Janusch fragen. Aber wir wollen nicht über Geld reden.

Du fragst, was mir Spaß macht. Nun, ich schreibe, lese, moderiere und jogge gern. Meine Leidenschaft gehört nicht dem Tanz, da stelle ich mich viel zu ungeschickt an. Dafür kann ich mich für Literatur, Theater und Fußball begeistern. Ja, Fußball. Früher bin ich dem runden Leder nachgerannt, jetzt schaue ich anderen dabei zu. Ich wandere viel, zu Fuß und mit dem Trecking-Rad, und lerne Leute kennen. Als Autor recherchiere ich nur noch zu Themen, die mich interessieren, und manchmal liebe ich es auch, einfach mit Freunden zusammenzusitzen und zu schwatzen.

Neulich stand mein gleichaltriger Nachbar, ein Kleinunternehmer, in meinem Arbeitszimmer vor der Bücherwand und schüttelte den Kopf. Wann ich die Schwarten alle lesen wolle. Er glaubt mir nicht, dass ich die meisten Bücher bereits kenne. Ich habe Germanistik studiert und an verschiedenen Universitäten gelehrt. Die letzten 30 Jahre war ich Kulturredakteur bei einer Tageszeitung. Manchmal frage ich mich auch selber, was mir die Lektüre und all die Theater- und Ausstellungsbesuche gebracht haben. Viel Lebenszeit ist dabei draufgegangen. Ich hätte Häuser bauen, Dächer eindecken und Wände verputzen können. Aber ich wollte eben schon immer wissen, und will es heute mehr denn je, wohin unsere Reise geht. Von dir kann ich es erfahren."

Um nicht ins Monologisieren zu verfallen, schicke ich die Sätze erst mal ab. Meine Urenkelin antwortet unmittelbar: „Das klingt nach Philosophie, Urgroßvater."

„Und um das, was man so denkt, besser zu verstehen, liest man gern, was andere denken. – Was ich dich schon lange fragen wollte: Warum schreibst du mir eigentlich, Filipa?"

„Weil ich herausfinden will, woher wir kommen und warum die Welt so geworden ist, wie sie ist. Oder wie ihr sie gemacht habt."

„Gut, dann sollst du wissen, was mich aufregt. Eine Menge! Aber das ist, glaube ich, normal. Man darf nur nicht alles an sich heranlassen. Einiges geht mir dennoch nach und beschäftigt mich länger, als mir lieb ist.

Für ein Reportage-Projekt habe ich kürzlich eine Stadtratssitzung besucht. Ich saß auf der Empore und verfolgte den kommunalen Politikbetrieb. Die Mühen der Ebene, wie Brecht sagen würde. Einige der von den

Fraktionen eingebrachten Anträge wurden von den Abgeordneten durchgewinkt, über andere wurde heftig gestritten. Geärgert hat mich die Diskussion über eine autofreie Innenstadt. Es ging um einen bei Einheimischen wie Touristen beliebten mittelalterlichen Platz, wo die Autos dicht an den Café-Tischen vorbeifahren. Man trinkt dort im Sommer seinen Aperol Spritz – das ist ein fruchtiges alkoholhaltiges Getränk, ungesund, aber schmackhaft – quasi mit Abgasen. Versuchsweise soll die für die Logistik nicht notwendige Durchfahrt für ein Jahr gesperrt werden. Die Auto-Lobbyisten im Sitzungssaal schrien empört auf. Väter könnten dann ihren Kindern im Vorbeifahren kein Eis mehr spendieren. Restaurants und Läden würden pleitegehen und alte Leute kämen nicht mehr rechtzeitig zum Arzt. Den Hinweis des zuständigen Dezernenten, dass die Straße täglich bis elf Uhr für den Lieferverkehr befahrbar bleibe und sowohl Feuerwehr als auch Rettungsdienste über Transponder verfügten, die ihnen jederzeit den Zugang ermöglichen, ignorierten die Gegner des Projekts.

Ich frage mich, wozu man in unserer Stadt überhaupt ein Auto braucht. Sie ist nicht groß, alles liegt so nah beieinander, dass man das Zentrum in zehn Minuten zu Fuß durchquert. Doch manche halten es für unzumutbar, ein paar Hundert Meter zum Parkhaus oder zur Straßenbahn zu laufen. Der Autoverkehr müsse rollen, fordern sie, sonst sterbe die Innenstadt! Am liebsten wäre ich von meinem Besucherplatz aufgesprungen und hätte von oben in den Saal gerufen, ob Amsterdam, Barcelona oder Kopenhagen schon tot seien."

„Mir kommen die Tränen. Tränen der Wut!"

Filipas letzte Nachricht ist noch keine drei Stunden alt, und schon wieder ploppt es. Wenn mir meine Urenkelin so kurz hintereinander schreibt, bedeutet das meistens nichts Gutes. Ich kenne inzwischen ihr Temperament.

Als ich die Datei öffne, merke ich, dass nicht Filipa, sondern ihr Bruder sie geschickt hat. Gibt es neuen Ärger oder doch noch einen Urenkel-Dialog?

„He, Urgroßvater", beginnt Pablo. „Ich wollte dir ja eigentlich nicht mehr schreiben. Doch wenn ich mitbekomme, was für Nettigkeiten ihr austauscht, schwillt mir der Kamm. Nein, ich überwache Filipa nicht. Meine Schwester hat mir ein paar Mails von dir gezeigt. Alles klar."

Nichts ist klar. Wir könnten darüber reden, doch Pablo legt keinen Wert auf eine Verständigung. Er geht wieder in den Angriffsmodus und fragt, wann ich endlich meine „Blase" verlassen wolle. „Ihr hattet in Europa die längste Friedensperiode der Geschichte, das ist dir vielleicht gar nicht bewusst. Aber die Lage hat sich verändert. Weißt du, was ich dir rate? Leg deinen Europa-Blick ab. Schau mal, wie es den Völkern in anderen Weltregionen geht, warum sie seit Jahrhunderten nicht mit euch

Schritt halten können. Komm aus deinem Wolkenkuckucksheim, werde konfliktfähig."
Wolkenkuckucksheim? – Arroganter Schnösel! Muss ich mich schon wieder von meinem Urenkel belehren lassen?
In einem hat Pablo leider recht. Oft ziehe ich mich vorschnell aus einem Streit zurück, weil ich nicht möchte, dass er eskaliert. Ich bin harmoniesüchtig und würde am liebsten aller Welt Freund sein.
„Interessierst du dich wirklich für Filipa? Im Grunde willst du doch nur wissen, wie wir auf dem aufgeheizten Planeten zurechtkommen", schreibt Pablo weiter. „Auch wenn du mich nicht danach fragst, sage ich es dir: Wir fühlen uns verraten.
Ja, du liest richtig: Verraten! Euer Spruch ‚Unseren Kindern soll es mal besser gehen' klingt verlogen und wie Hohn in meinen Ohren. Die Abmachung gilt doch schon lange nicht mehr. Im Gegenteil, die meisten von euch treibt die Sorge um, es könnte euch bald schlechter gehen.
Ja, Urgroßvater, so wird's kommen, ihr werdet euch einschränken müssen. Aber muss ich dich deswegen bedauern? Ihr habt in eurer Festung Europa wie die Made im Speck gelebt. Mit billigem Öl und Gas aus Russland, kolonial gehandelten Früchten aus Afrika und Südamerika, mit von der EU subventionierten Lebensmitteln, Wegwerf-Kleidung aus Fernost und von Kindern geförderten IT-Rohstoffen.
Und ihr habt für euren Wohlstand immense Schulden angehäuft. Die wir für euch begleichen müssen.

Doch, Urgroßvater, genauso ist es. Aber das juckt euch nicht, denn ihr habt ja andere Sorgen.
Wenn ich das Zeitfenster richtig deute, erreicht dich meine Mail im Herbst 2022. Wie sieht es da aus? Ach, jetzt hat sich auch bei euch die Lage verändert. Im Februar haben Putins Truppen die Ukraine überfallen. Jetzt wird an allen Fronten gekämpft. So etwas hattest du nicht für möglich gehalten, stimmt's? Opa Janusch übrigens auch nicht. Aber man gewöhnt sich daran.
Wir mussten uns an ganz andere Dinge gewöhnen. Doch was tut ihr? Ihr verhängt Sanktionen und fürchtet die Folgen. Ihr macht euch vor Angst in die Hosen! Weil es im Winter kalt werden könnte? Weil die Preise steigen? Weil Lieferketten unterbrochen sind und ihr länger auf einen Neuwagen warten müsst?
Wie schlecht, frage ich, geht es euch wirklich? Friert ihr euch den Arsch ab oder habt ihr warme Kleidung? Hungert ihr oder habt ihr ausreichend Nahrung? Vielleicht immer noch zu viel, schau mal in die Abfalltonnen! Ihr könnt, jammert ihr, weniger fliegen, müsst Öl, Gas und womöglich bald auch Strom rationieren, mehr fürs Heizen und Tanken bezahlen und auf manche Annehmlichkeit verzichten.
Ach, mir kommen die Tränen. Tränen der Wut! Euer bequemes Leben hättet ihr schon früher aufgeben sollen, freiwillig – für uns! Und statt zu protestieren oder zu lamentieren, warum sorgt ihr nicht für den Schutz der Öko- und Sozialsysteme? Warum macht ihr nicht ernst und bittet die Reichen, die Pandemie- und Kriegsgewinnler zur Kasse? Es ist doch genug Vermögen da.

Es muss lediglich umverteilt werden, zugunsten der wirklich Armen, der Hungernden und Heimatlosen!
Und noch was, Urgroßvater: Ihr könnt die sich anbahnende Klimakatastrophe nicht länger verdrängen. Also redet ihr sie klein. Nach dem Motto: Es wird schon nicht so schlimm kommen. Ich sehe es so: Ihr steht, da brauche ich nur an die immer häufiger und heftiger wütenden Waldbrände zu erinnern, mit euren Kindern und Kindeskindern vor einem beispiellosen Flächenbrand und schickt sie, ohne zu zögern, ins Feuer.
Doch, Urgroßvater, das tut ihr. Ihr schickt uns ins Feuer! Vielleicht, so hofft ihr, haben wir ja Glück und verbrennen nicht.
Zeitenwende? Ich sehe keine. Elend? Das Elend ist in euren Köpfen. Ihr hockt in eurer Komfort-Zone und verteidigt den Status quo, egal, was es kostet. Uns kostet!
Tut mir leid, Urgroßvater, ich kann dich nicht bedauern. Ich hasse dich! Pablo."

II Die antarktischen Wälder

Unerwartete Hilfe eines werdenden Vaters

Was soll ich darauf erwidern? Soll ich meinem Urenkel schildern, wie der Klimaschutz im täglichen Parteiengeplänkel aus dem Fokus gedrängt wird? Wie Populisten, Lobbyisten und aufgebrachte Bürger bei dem kleinsten Versuch, etwas zu verändern, sogleich „Teuer!“, „Bevormundung!“ und „Verbote!“ schreien? Klimaanpassung und Klimaschutz sind höchst unpopulär.

Auch ich halte – aus Ratlosigkeit? – die Hände still. Und warte.

Wieder ist es Filipa, die nach mehrmonatiger Funkstille die Initiative ergreift.

Es dauert eine Weile, bis ich merke, dass diese Unterbrechung für meine Urenkelin viel länger gedauert hat. Nicht Monate, sondern Jahre. Fast zwei Jahrzehnte.

Sie meldet sich aus dem Jahr 2106!

„Schön, dass du auf mich gewartet hast, Great-Granddaddy! Der Zeitkorridor war sehr lange dicht. Pablo hatte von mir gefordert, die Vergangenheit ruhen zu lassen. Er wollte nicht, dass ich dir schreibe, dass ich überhaupt noch an dich denke. Und da ich nicht bereit war, unseren Kontakt abzubrechen, hat er die Verbindung gekappt.“

Ich habe Mühe, den neuerlichen Zeitsprung zu verkraften. Für mich ist seit Pablos heftiger Intervention nur ein Vierteljahr vergangen. Filipa aber ist jetzt 49 und steht in der Mitte ihres Lebens.

In meinem Kopf fahren die Gedanken wieder Karussell: Wie geht es ihr? Was ist seit unserem letzten Kontakt passiert? Wie sieht die Welt in – ich muss rechnen – 84 Jahren aus? Zunächst erfahre ich von Pablos wundersamer Wandlung.

„Mein Bruder fragte mich eines Tages, ob ich die Gespräche mit dir wieder aufnehmen wolle. Gern, aber es geht ja nicht mehr. Vielleicht doch, meinte er. Er hätte sogar eine Idee, wie es besser laufen könnte. Offenbar hatte er unsere – und auch seine – Mails mit Abstand noch einmal gelesen. Doch zunächst wollte er wissen, warum ich dir geschrieben habe und was mir das letztlich gebracht hätte. Ich habe ihm gesagt, dass ich es auch nicht so genau weiß, aber gern herausfinden würde.

Daraufhin hat er sich an die Arbeit gemacht. Pablo ist, was IT-Lösungen betrifft, ein Genie. Wir sollten die Chance, die er uns gibt, nutzen und unseren Dialog fortsetzen, Great-Granddaddy. Schneller und unmittelbarer. Nein, nicht per Gedankenstrom, der funktioniert zwischen den Zeiten nicht. Ich kann mir auch nicht vorstellen, dass du dieser Herausforderung gewachsen wärst.“

Rasch klicke ich auf den Antwort-Button.

„Klar, will ich, Filipa. Aber ist das wirklich wahr, dass dein Bruder uns hilft?“

„Nicht uns, mir. Er hat es schon oft getan, ohne ihn wäre unser Mail-Kontakt ja nie zustande gekommen. Von nun an sollte es leichter gehen. Ich schicke dir einen Link, der dich auf eine geheime Seite führt, von der du dir eine App, ich glaube, so nennt ihr das, herunterladen kannst, unsere ‚Zeitfenster-App'."

Da ich mir Pablos Stimmungsumschwung nicht erklären kann, frage ich, was dazu geführt hat.

„Du kennst meinen Bruder nicht. Pablo ist manchmal aufbrausend und unberechenbar, doch in seinem tiefsten Innern auch jemand, der nicht auf vorgefassten Meinungen verharrt. In den letzten Jahren hat er sich intensiver mit deiner Zeit befasst. Bücher, Filme, Dokus, Zeitzeugenberichte, was weiß ich. Er war sogar im Bonner Haus der Geschichte. Ausschlaggebend waren letztlich die neuesten Erkenntnisse der Klimakollaps-Forschung, die auch mit einigen Ressentiments aufgeräumt hat.

Kurz gesagt: Ich glaube, dass mein Bruder auf dem besten Weg ist, seine Vorurteile dir gegenüber zu überdenken. Neulich meinte er, so schlimm sei unser Urgroßvater im Grunde ja gar nicht, der sei eben in seiner Zeit befangen. Wer, habe ich gesagt, ist das nicht – in seiner Zeit befangen. Und ob er sich nicht auch manchmal frage, wie unsere Enkel und Urenkel eines Tages auf uns blicken werden.

Und da ist noch etwas, Great-Grandpa. Etwas Persönliches. Ich weiß nicht, ob ich es dir überhaupt sagen darf: Pablo wird Vater. Er hat es vor gut einer Woche erfahren und ist seitdem wie umgekrempelt. Seine Partnerin, sie heißt Leila, will ihren Embryo nicht, wie heute üblich, der Brutstation übergeben, sondern im Mutterleib austragen. Ein mutiger Entschluss, der offenbar auch Pablos Hormonhaushalt durcheinander gebracht hat. Beim letzten Gedanken-Streaming schwärmte er von einer großen Familie, der wir doch alle angehörten, über viele Generationen hinweg. Da brachen wohl lange unterdrückte Stammhalter-Instinkte aus ihm hervor. – Also, hol dir die App und klicke auf das Symbol. Wenn das Zeitfenster leuchtet, bin ich auf Empfang."

Zwar habe ich Pablos in rüdem Ton vorgetragene Anklagen noch im Kopf. Doch ich freue mich, dass es mit Filipa weitergeht.

Ich folge dem Link und finde die App. Es dauert lange, bis ich sie heruntergeladen habe, vielleicht weil sie ungeheuer viel Datenvolumen erfordert. Ich denke mir ein Passwort aus, gebe es ein und bestätige.

Langsam baut sich etwas auf.

Tatsächlich, ein Fenster!

Nicht zu verwechseln mit dem Windows-Symbol von Microsoft. Das Zeitfenster erinnert mich an die Dachluke in der Bodenkammer meiner Großeltern, in der ich manchmal übernachten durfte, selbst im tiefsten Winter. Es gab keinen Ofen, die Kammer wurde nie beheizt. Nach frostigen Nächten wachte ich auf, fühlte meine Nase nicht mehr, und die Scheibe war über und über mit Eisblumen bedeckt.

An dieser hier kristallisiert sich selbst nach mehrmaligem Einloggen nichts. Das Zeitfenster bleibt dunkel.

Ich schicke Filipa eine Mail. „Bist du sicher, dass es funktioniert?"

„Du musst warten, Urgroßvater“, bekomme ich zur Antwort, „bis Pablo die App freigeschaltet hat.“
Am nächsten Tag ist es dann so weit. Das Fenster leuchtet, und im Textfeld steht:
„Hallo Great-Granddaddy, wollen wir chatten? Das kennst du doch von deinem Smartphone.“

Kalifornische Flüchtlinge gründen Start-ups

Filipas erste Chat-Frage lautet: „Urgroßvater, woran arbeitest du gerade?“

„Stopp“, schreibe ich in mein freies Textfeld. „Deine Welt hat sich um 18 Jahre weitergedreht, da können wir doch unmöglich zur Tagesordnung übergehen.“

„Okay. Was willst du wissen?“

Da wir unsere Texte nicht mehr per Mail verschicken, folgen Rede und Gegenrede nun Schlag auf Schlag. Ich muss nicht mehr minuten- oder schlimmstenfalls tagelang auf die Antwort warten.

„Was sich verändert hat“, erwidere ich. „Bestimmt habt ihr mit Hilfe der KI große Fortschritte erzielt.“

„Ja, haben wir. Wir können die Erderwärmung zwar nicht aufhalten, aber abbremsen. Das gelingt auch immer besser. Trotzdem möchte ich manchmal alles hinwerfen und im Meer abtauchen, das nicht weit von unserem Camp entfernt ist. Täglich treffen neue Flüchtlinge ein, die untergebracht, versorgt und medizinisch betreut werden müssen. Ich sollte mir viel mehr Zeit für sie nehmen, für jeden einzelnen. Aber wie, wenn weltweit fast zwei Milliarden Menschen auf der Suche nach einer neuen Heimat sind? Am unkompliziertesten, wenn man das so nennen darf, sind die Geflüchteten aus den Dürre-Regionen Kaliforniens, die gründen, wenn du ihnen Kredite besorgst, sofort wieder Start-ups. Weit schwieriger ist es mit heimatlosen jungen Südeuropäern und Klima-Nomaden aus Afrika und Südostasien, egal welchen Geschlechts. Vor allem, wenn sie keinen Schulabschluss und keine Ausbildung haben. Ich könnte sie zu körperlicher Arbeit heranziehen, doch die wird, besonders von Männern, oft verweigert."

„Du bist Psychologin. Wieso organisierst du Arbeitseinsätze?"

„In Notzeiten hilft jeder, wo er kann. Ich sorge dafür, dass die Gestrandeten rasch wieder auf die Beine kommen. Viele haben nicht nur ihre Heimat, sondern auch ihr ganzes Hab und Gut verloren. Wir müssen sie so schnell wie möglich integrieren. Aber ich wollte dir noch etwas über die KI erzählen. Ohne sie, das sagte ich bereits, wären die Folgen der Klimakatastrophe nicht zu beherrschen. Auch im Alltag ist sie allgegenwärtig. Durch autonomes Fliegen, Fahren und Tauchen ist es gelungen, weltweit die Zahl der Verkehrstoten drastisch zu reduzieren. Seit kein Fahrzeugführer mehr wegen Unaufmerksamkeit, Übermüdung, Trunkenheit, Depression, Prahlerei oder Selbstüberschätzung einen Unfall verursacht, ist der Verkehr auf der Straße sicherer als der Aufenthalt im eigenen Wohnzimmer. Autos, Busse und Bahnen kommunizieren selbstständig mit den Signalanlagen und sind auch untereinander vernetzt. Als Fahrgast kannst du jederzeit und von überall das günstigste Transportmittel wählen."

„Haben die Leute keine Angst, wenn das Fahrzeug von Geisterhand gelenkt wird?"

„Nochmal, es ist die sicherste Fortbewegung auf Erden. Bei euch ist Fliegen am sichersten. Wenn du in ein Flugzeug steigst, zweifelst du auch nicht an den Fähigkeiten des Autopiloten. Doch vollkommen ausschließen lassen sich Unfälle freilich nicht. Es gibt Situationen, die selbst eine KI nicht zu unser aller Zufriedenheit lösen kann. Wenn sie zum Beispiel abwägen muss, ob sie durch ein Ausweichmanöver das Leben eines Kindes auf der Straße rettet, wenn dadurch gleichzeitig ein Kind im Auto stirbt."

„Mein Gott, das will auch kein Mensch entscheiden müssen."

„Jede KI-Entscheidung ist besser als Gottvertrauen."

„Mein Gott ist nur eine Redewendung."

„Ob mit Gott oder KI, es ist und bleibt ein Dilemma. Wenn der Vater oder die Mutter am Steuer säßen, würden sie sich rein emotional für ihr eigenes Kind entscheiden. Die KI reagiert rational, indem sie in Bruchteilen von Sekunden checkt, wie alt und gesund die Kinder sind, und deren mittlere Lebenserwartung errechnet ..."

„Wie schrecklich. Das kommt hoffentlich selten vor."

„Sehr selten, Urgroßvater. Aber ich kann dir im Zusammenhang mit der KI auch etwas Lustiges erzählen. Na ja, so richtig lustig ist es auch wieder nicht. Vor allem Klimaschützer erinnern sich ungern daran."

„Ich bin gespannt, Filipa."

„Fridays for Future – das kennst du doch – hat Ende der 2020er-Jahre eine Studie in Auftrag gegeben, die weltweit ermitteln sollte, wer die größten Klimasünder sind. Auf Staatenebene hätte man dafür der künstlichen Intelligenz nicht bedurft, man brauchte sich nur die Menge an CO_2 anzuschauen, die pro Jahr in die Luft geblasen wurde.

Da lag China unangefochten an der Spitze, gefolgt von den USA, Indien und Russland. Deutschland landete hinter Japan auf dem sechsten Platz. Doch die Umweltschützer wollten, dass auch für jeden Erdenbürger der ökologische Fußabdruck gemessen wurde. Da hatte selbst die KI ein Weilchen zu rechnen. Die Faktenlage war nicht das Problem, da ja fast alle die Netzwerke mit ihren Daten füttern. Das Problem war die ungeheure Informationsmenge. Das Ergebnis hat die Auftraggeber überrascht, geradezu erschüttert."

„Spann mich nicht auf die Folter, Filipa."

„Folter?"

„Das sagt man so."

„Also gut. Einige der bekanntesten Aktivisten wurden als Klimafrevler überführt. Die KI lieferte den Nachweis, dass deren ökologischer Fußabdruck fast doppelt so hoch war wie der eines Klempners, Dachdeckers oder Tischlermeisters, der jeden Tag mit seinem Verbrenner zum Kunden fuhr. Die manischen Smartphone-Nutzer und Dauer-Streamer hatten offenbar für ihre Dienstreisen zu oft das Flugzeug benutzt oder sind zur Erholung mit der Familie in die Ferne gereist.

Fridays for Future wollte die Studie wieder einstampfen, doch, du weißt ja, was einmal auf den Servern gespeichert ist ..."

„Wer kann schon auf seine geliebten Kommunikationsmittel verzichten“, tippe ich. „Gedankenstreaming ist sicherlich auch nicht umweltfreundlich. Und welcher Energiemengen bedarf es, um unser Zeitfenster offen zu halten?“

„Oh, da müsste ich die KI fragen. Aber das wäre das Ende unseres Dialogs.“

Habt ihr noch genügend Wasser?

Beim nächsten Chat wiederholt Filipa ihre Frage.
„Heute bist du aber dran, Great-Granddaddy. Also noch mal: Woran arbeitest du gerade?“
„An meinem Wasserbuch. Vor zwei Jahren war ich mit Förstern und Baumforschern in den Thüringer Wäldern unterwegs. Jetzt wandere ich zu den Quellen, Seen und Flüssen, um herauszufinden, wie es um unser Lebenselixier, das Wasser, steht. Habt ihr noch ausreichend davon?“
„Wasser ist für uns ein Dauer-Thema! An manchen Orten können wir uns vor Wasser kaum retten. Der Meeresspiegel steigt und steigt.“
„Ich meine Süßwasser, Filipa.“
„Wie du weißt, ist der Zugang zu sauberem Trinkwasser für viele seit jeher ein Problem. Das hat sich zugespitzt, da immer mehr Regionen austrocknen, während die Ozeane große Landstriche und Flussmündungen versalzen, mit schrecklichen Folgen für Flora und Fauna. Umgekehrt gelangten durch das Abschmelzen der Eisschilde Unmengen von Süßwasser in die Meere. In manchen Regionen wird erbittert um die letzten Wasserreserven gekämpft.

Staudämme werden gesprengt, Flüsse umgeleitet, Brunnen zugeschüttet und Quellen in Naturreservaten angezapft“, lese ich und tippe sogleich:

„Vor einer Wasserknappheit warnen unsere Wissenschaftler schon seit Längerem. Aber solche Indizien werden von der Politik nicht ernst genommen. Warum wachen wir immer erst auf, wenn die Katastrophe schon da ist?“

„Sag du es mir, Urgroßvater.“

„Weil es bequemer ist, alles Unangenehme auszublenden?“

„Ein klassischer Fall von Selbstbetrug. Ihr wisst es schon so lange. Seit 1972 der Club of Rome seinen Bericht ‚Die Grenzen des Wachstums‘ veröffentlicht hat, liegen die Fakten auf dem Tisch.“

„Ich weiß. Oder genauer gesagt: Heute weiß ich es. Damals war ich fünfzehn und hatte anderes im Kopf.“

„Was denn?“

„Mädchen, Disko, Langstreckenlauf. Erste Schreibversuche.“

„Und die Umwelt?“

Ich nehme die Finger von der Tastatur. Dass Filipa sofort reagiert, daran habe ich mich noch nicht gewöhnt. Sie ist sprunghafter und gedankenschneller. Nach kurzem Überlegen antworte ich:

„Hat uns nicht interessiert. Den Wäldern ging es gut, und das Wetter spielte noch nicht verrückt. Es gab kaum Hitzewellen und keinen so heftigen Starkregen wie heute, jedenfalls nicht bei uns. Katastrophen in anderen Ländern wurden zur Kenntnis genommen, mehr nicht.“

„Du hast die enormen Umweltschäden durch Industrie und Verkehr vergessen, Urgroßvater. Ihr habt die Luft verpestet, Chemieabfälle in die Flüsse geleitet und den Atommüll in Bergwerkstollen deponiert. Ganze Landstriche wurden vergiftet. Davon willst du nichts mitbekommen haben? Hast du nicht erzählt, dass deine Großeltern in einem der dreckigsten Industriegebiete Europas gelebt haben? Das Dorf lag bei ... Wie heißt gleich die Stadt?"

„Bitterfeld. Stimmt, die Häuser waren schwarz vom Kohlendreck, und nachts hat man im Chemiekombinat die Filter an den Schornsteinen abgeschaltet, um Geld zu sparen. Was willst du, Filipa? Dass ich mir Asche aufs Haupt streue? Die Region gehört heute zu den saubersten, aber ärmsten des Landes, denn viele Bewohner sind mit der Stilllegung ihrer Betriebe arbeitslos geworden."

„Du wolltest vom Wasser erzählen, Urgroßvater."

„Lenkst du jetzt ab?"

„Nein, ich versuche zu fokussieren."

„Ja, ich recherchiere zum Thema Wasser, weil sich auch da gerade einiges ändert. Wo ich lebe, am Rande bewaldeter Mittelgebirge, war Wasser nie ein größeres Problem. Mit Ausnahme des Jahres 1613. Chroniken berichten von einer „Sintflut", die große Teile Thüringens heimgesucht haben soll. Infolge heftiger Gewitter wurden ganze Landstriche überschwemmt. 2261 Menschen kamen in den Fluten um. Lokale Hochwasser hat es seitdem immer mal wieder gegeben, trotz Hochwasserschutz und Pegelüberwachung. Neu ist, dass das Wasser auch in unseren Breiten im Sommer knapp werden könnte. Nach mehreren Dürrejahren nacheinander registrieren die Hydrogeologen drastische Grundwasserabsenkungen. Noch nicht so dramatisch wie in Norditalien, Südfrankreich oder Südspanien, doch Verteilungskämpfe kündigen sich auch hier an. Die Landwirte beklagen Ernteausfälle, fordern Wasser für ihre Felder. In heißen, trockenen Sommern darf es nicht aus Flüssen und Seen gepumpt werden ... Sag mal, interessiert dich das wirklich?"

„Ja. Sonst hätte ich dich unterbrochen."

„Also gut, bis vor kurzem dachten wir – und viele denken es immer noch –, unsere Wasserressourcen seien unerschöpflich. In Wahrheit schöpfen wir bereits zu viel Wasser, so dass sich die Vorräte nie mehr gänzlich auffüllen. Wir brauchen dringend einen sensibleren Umgang mit dem kostbaren Nass."

„Dazu könnte dir Pablo ein paar Tipps geben. Bewässerung und Entwässerung gehören zu seinen Spezialgebieten."

„Prima. Nur müsste dein Bruder mit mir reden. Könntest du das vermitteln?"

Keine Antwort.

„Filipa?"

Ich warte, doch nichts geschieht. Offenbar arbeitet auch unsere neue Verbindung nicht störungsfrei.

Ich schaue auf das leere Textfeld, dann auf die App.

Das Zeitfenster ist erloschen.

„Die KI schützt und überwacht uns“

Es tue ihr leid, teilt mir meine Urenkelin ein paar Tage später mit, zur Wiederherstellung der Verbindung bedurfte es wieder Pablos Hilfe.

„Hallo, Filipa! Wer stört uns denn? Vielleicht doch die KI?“

„Ich glaube nicht, dass sie uns auf die Schliche gekommen ist. Mein Bruder rät jedoch, wir sollten unseren Chat vorsichtshalber auf wenige Minuten beschränken.“

„Einverstanden. Aber sag mal, wenn die KI für Recht und Ordnung sorgt, ist das doch zu begrüßen – oder?“

„Ohne die Quantencomputer wären wir aufgeschmissen. Aber was du noch nicht weißt, Great-Granddaddy: Die Freiheit hat auch bei uns ihre Grenzen. Zwar können wir uns frei bewegen und nach Belieben Gedanken austauschen, sind bei alldem jedoch von ihnen abhängig.“

„Abhängig – was soll das heißen? Kontrolliert euch die KI?“

„Nein, so würde ich es nicht ausdrücken. Sie sammelt alles, was in das Quantennetzwerk eingespeist wird, und ist über jeden von uns im Bilde. Sie kennt meine Position (im doppelten Sinne) und weiß jederzeit, was ich mit wem bespreche. Es sei denn, eine Unterhaltung findet, wie die unsere, in einem mehrfach abgeschirmten Raum statt."

Das sei die absolute Ausnahme, ein Geniestreich ihres Bruders. „Es ist schon kurios, Urgroßvater: Du kommst aus einer Diktatur und genießt die Freiheit. Pablo und ich sind in der Demokratie großgeworden und leben in einem Überwachungsstaat, freiwillig, denn es ist in unserem ureigenen Interesse."

„Das musst du mir erklären, Filipa."

„Ich weiß, das klingt paradox, dient aber unserem Schutz. Es geht nicht um Kontrolle. Wir nutzen die KI als superschlaue Dienstleisterin. Sie bewahrt uns vor Katastrophen, Krankheiten und Unfalltod. Sie berät uns, generiert Jobs, regelt die Verteilung der Ressourcen und Güter, koordiniert die Flüchtlingsströme, checkt Wetter und Klima. Es dürfte schwierig werden, sich aus dieser Abhängigkeit wieder zu befreien. Ist, wie gesagt, im Moment auch gar nicht gewünscht."

Oh, meine Urenkelin glaubt an das Gute, nicht nur im Menschen, sondern auch in der Maschine.

„Wolltet ihr nicht den Kapitalismus überwinden", schlage ich einen forscheren Ton an. „Ihr sucht doch nach einer gerechteren Form des Zusammenlebens."

„Ja, suchen wir. Und die KI hilft uns dabei. Nur gibt es da ein Problem, das sich wiederum grotesk anhört: Die KI bewahrt uns vor jeder Art von Irrtum."

„Das ist doch gut."

„Nein. Irren ist menschlich. Wir müssen, um uns weiterentwickeln zu können, Fehler machen dürfen."

„Ihr könnt aus unseren Fehlern lernen. Wir haben zu viele gemacht."
„So, wie ihr aus dem Mittelalter eure Lehren zieht? Die Welt hat sich gewandelt! Wir probieren Neues aus. Viele von uns leben in naturnahen Mehr-Generationen-Gemeinschaften oder in Kommunen, wie ihr es nennen würdet."
„Jetzt schreibe mir doch mal", tippe ich, „wo du wohnst und mit wem du zusammen bist. Was treibt dich um? Du hast Umweltpsychologie studiert. Das ist bei uns ein noch recht junger Wissenschaftszweig. Was macht die Umweltpsychologin Filipa?"
„Menschen therapieren. Geflüchtete, die unter Traumata leiden, und Flüchtende, die ihr Heil im Megaversum suchen. Im Moment habe ich weder einen festen Wohnsitz noch einen festen Partner."
„Megaversum?"
„Totale digitale Welt. Eine Versuchung, wie es sie nie zuvor gegeben hat, Urgroßvater. Im Megaversum kannst du tun, was du willst. Und du bekommst alles: Abenteuer, Liebe, Sex, Nervenkitzel, Heldentum, einfach alles. Du kannst vom Wohnzimmer aus in die Tiefsee abtauchen, über den Mond spazieren und fremde Galaxien erkunden. Oder ohne Training den Mount Everest besteigen, nachts durch den Urwald streifen, mit der schönsten Frau oder dem schönsten Mann der Welt schlafen und, ohne danach behelligt zu werden, ein Blutbad anrichten. Das Megaversum wirkt wie eine Droge, mit der überwindest du die letzten Grenzen. Für die wirkliche Welt bist du dann aber verloren."

„Gibt's, glaube ich, im Ansatz auch schon bei uns. Man setzt sich so eine monströse Brille auf und zappelt im Zimmer herum."

„Falls du diese Virtual-Reality-Brillen meinst, die sind schon lange out. Zum Einloggen genügt ein spezieller Mikrochip, und schon bist du ein Anderer. Was nicht ungefährlich ist, denn die digitalen Reize können so stark werden, dass sie selbst Durst- und Hungergefühle überlagern. Es sind schon Menschen im Megaversum gestorben. Nein, nicht im Megaversum, sie sind auf ihrer Couch verhungert."

„Drogenopfer?"

„Avatarleichen. Wehret den Anfängen, sage ich nur. Es ist schwer und irgendwann nicht mehr möglich, einen Megaversum-Süchtigen zurückzuholen."

„Und davor warnt eure KI nicht?"

„Das Megaversum ist ihre Welt, ein sich stetig vervollkommnender Giga-Fake, geschaffen aus unerschöpflichem Datenvolumen. Warum soll sich die KI gegen ihre Schöpfung wenden? Die Entscheidung liegt bei uns. Solche Spielchen brauchen wir nicht. Wir brauchen die Gemeinschaft und das Gleichgewicht mit der Natur. Das versuche ich den Flüchtlingen zu vermitteln."

„Siehst du dabei Erfolge, Filipa?"

„Ach, Great-Granddaddy. Wie war das gleich mit den Mühen der Ebene? Precht oder Brecht?"

Ich helfe beim Klimaentscheid, Filipa!

„Hallo Filipa, komm ans Fenster! Ich muss dir was erzählen. Ich bin sicher, dass dich das interessiert."

Ausgerechnet heute, wo ich etwas Wichtiges mitzuteilen habe, vergehen Stunden, ehe meine Urenkelin reagiert.

„Hi, Great-Granddaddy! Was gibt's? Habe wenig Zeit. Schieß los."

„Was für eine militante Sprache!"

„Sorry, ist mir rausgerutscht. Die KI hätte es unterbunden."

„Wäre sie dir ins Wort gefallen?"

„Die KI hätte mich aufgefordert, ein anderes Wort zu wählen."

„Das nennen wir Bevormundung."

„Volltreffer! Oder ist auch das militant?"

„Geht bei mir grade noch durch, Filipa. Big Brother hört also nicht mit?"

„Nein, wir sind unter uns. Aber was auch immer du mir sagen willst, bitte schnell, ich muss gleich weg."

Gar nicht so einfach. Wo fange ich an?

„Kurz gesagt: Ich habe mich einem Klimaschutz-Bündnis angeschlossen, das einen Bürgerentscheid auf den Weg bringen will. Unsere Stadt soll bis 2035 klimaneutral werden und nicht erst ab 2050, wie die Verwaltung es plant."

„Klingt gut, Urgroßvater. Wie wollt ihr das schaffen?"

„Wir haben vier Monate Zeit, um 7000 Unterschriften zu sammeln. Mindestens so viele sind nötig, um die Stadträte zum Umdenken zu bewegen. Von der Aktion habe ich durch Zufall erfahren.

Nun, ganz so zufällig war es nicht. Bei Recherchen für mein Wasserbuch bin ich auf die Website des Bündnisses gestoßen, habe eine seiner Versammlungen besucht und ein paar Unterschriftenlisten mit nach Hause genommen."

„Damit bist du erstmal zu deinen Nachbarn gegangen, vermute ich."

„Genau. Mit denen musste ich nicht groß diskutieren. Auch eine in der Stadt wohnende Schriftstellerkollegin fand, dass man mehr für den Klimaschutz tun sollte.

Während einer Lesung aus meinem Waldbuch sagte ich, dass jeder mithelfen kann, das Baumsterben zu stoppen, im Stadtwald, in der Flussaue wie auch in den Parks und am Straßenrand. Einige Zuhörer kamen anschließend nach vorn und trugen sich in die Liste ein.

Die meisten Unterschriften sammelte ich bei einem Männerchor, der in unserer Kirche auftrat. Ich sagte, als Heimatsänger wollt ihr doch, dass die Natur erhalten bleibt, und ließ die Klimaschutz-Liste herumgehen. Im Nu war sie bis auf die letzte Zeile gefüllt."

„Schön, dass du uns helfen willst, Urgroßvater."

„Na ja, eigentlich wollte ich mich danach wieder voll und ganz auf mein Reportage-Projekt konzentrieren.

Doch als ich dem Methusalem der lokalen Umweltbewegung begegnet bin ...“
„Methusalem?“
„Robert ist mit seinen 75 Jahren nicht nur der Erfahrenste, sondern auch der Aktivste im Bündnis. Ich erklärte ihm, dass ich nur mal habe gucken wollen, was die Klimabewegung in meiner Stadt so macht, um das vielleicht in meinem Buch zu verwenden. Nur gucken, erwiderte er, gehe nicht. Wenn ich schon mal da sei, solle ich auch mitmachen!
So bin ich in den Klimaentscheid reingerutscht.“

Kap der Neuen Hoffnung

„Hallo, Great-Granddaddy! Auch bei mir gibt es Neuigkeiten. Mein Leben hat sich wieder grundlegend verändert, über Nacht, könnte man sagen."

„Hast du dich deshalb so lange nicht gemeldet?"

„Tut mir leid, ich hatte keine Möglichkeit, das Fenster zu aktivieren. Der Grund ist, dass ich eine Reise angetreten habe, von der niemand weiß, wann und wo sie endet.

„Ich bin gespannt, Filipa."

„Wir sind mit 500 Klimaflüchtlingen an Bord eines Luftschiffs in die Antarktis geflogen. Früher hätte man gesagt: ins ewige Eis. Doch was ist ewig?"

„Warum in die Antarktis? Was wollt ihr dort?"

„Überleben."

„Am lebensfeindlichsten Ort der Erde?"

„Würde ich so nicht mehr sagen. Die schwimmenden Eisberge sind verschwunden und die Gletscher schmelzen ab. Selbst wenn das aufgrund der enormen Dicke der Eisschicht auf dem Land noch Jahrhunderte dauert, sind die Folgen längst spürbar. Wir sahen sie schon bei unserer Landung auf King George Island, der größten der Südlichen Shetlandinseln. Die Küstenebenen, in denen sich Forschungsstationen befanden, hat sich der Ozean zurückgeholt. Ich glaube nicht, dass die russischen Polarforscher das geahnt hatten, als sie dem Eiland den Beinamen ‚Waterloo' verpassten. Auch die Landebahn und das von Chilenen errichtete Dorf wurden überflutet. Zum Glück lässt sich ein Luftschiff überall vertäuen. Wir glitten mit der Kabine auf ein Plateau hinab und mitten hinein ins Chaos. – Ich hole ein bisschen weit aus, Urgroßvater. Ist dir das zu ausführlich?"

„Nein, ganz im Gegenteil."

„Also gut. Die bewohnbaren Areale der Insel sind völlig übervölkert. Dort haben sich neben Fischern und Algenfarmern bereits zehntausende Siedler vom afrikanischen Kontinent niedergelassen. Kinderreiche Familien, die vor Hitze und Dürre geflohen sind. Klar, dass sich ihre Bereitschaft, die neue Heimat mit weiteren Geflüchteten zu teilen, in Grenzen hält. Ganz zu schweigen von den Alteingesessenen, die jeden Neuling, selbst Frauen und Kinder, mit Unmut und manchmal auch mit unverhohlenem Hass empfangen.

Nein, hier war für uns kein Platz mehr. Wir fuhren auf dem Seeweg weiter nach Deception Island. Dort bot sich uns ein ähnliches Bild: Nahezu jeder verfügbare Quadratmeter der ringförmig aus dem Meer ragenden Vulkaninsel ist mit Containern, Zelten und Gewächshäusern bedeckt, dazwischen wimmelt es von armen, verdreckten Kindern. Wir übernachteten in einer Lagerhalle. Schon am nächsten Morgen mussten wir weiter, trotz des schlechten Wetters wieder mit Booten. Wir segelten – ja, du liest richtig, wir nutzen Windenergie – bei mittlerem Wellengang zum 120 Kilometer entfernten Festland. Die letzte verbliebene Eiswüste, Antarktika, in der mancher Forscher sein Grab gefunden hat. Glaub mir, Urgroßvater, auch wenn es an vielen Orten der Erde inzwischen so heiß ist, dass man sich dort nicht mehr aufhalten kann, sehnt sich niemand nach antarktischer Dunkelheit und Kälte. Zu allem Übel bin ich auch noch seekrank geworden."

Da Filipa eine Schreibpause einlegt, tippe ich:

„Die 500 Flüchtlinge, die du begleitest, woher kommen sie?"

„Das sind Heimatlose von allen Kontinenten und Überlebende von untergegangenen Archipelen. Auch zwei Landsleute, eine Ostfriesin und ein Hamburger, sind dabei."

„Bitte, erzähl weiter!"

„Ich atmete auf, als die Schaukelei endlich vorbei war. Kurz bevor wir an Land gingen, sah ich die bis zu den Gletschern reichenden Geröllhalden, und mein erster Gedanke war: Irgendwoher kennst du das. Die Sonne stand tief, tauchte die Felsen in rötliches Licht. Am Hafen pfiff ein eisiger Wind, und ich klappte meine Fellmütze herunter. Vom Containerdorf kam uns im neongelben Thermoanzug die Leiterin des antarktischen Überlebensprojekts entgegen. Kiri ist eine kräftige Frau mit mandelförmigen Augen und hervorstehenden, frostroten Wangen. Sie breitete zum Empfang die Arme aus und rief: ‚Willkommen auf dem Mars!'

Das sollte wohl ein Witz sein, doch die Worte stachen mir ins Fleisch. Kiri wusste nicht, dass ich dort gewesen bin. Aber sie hat recht, es gibt kaum noch Gründe, zum

Mars zu fliegen. Besiedeln wir die Antarktis, wir haben keine Wahl.
Langweile ich dich, Urgroßvater, oder willst du noch mehr erfahren?“
„Ich freue mich über jede Zeile von dir. Wie ist das Leben im Eis?“
„Leben? Ich weiß nicht, ob dieser Euphemismus angebracht ist. Wir versuchen hier erst einmal, Fuß zu fassen. Zwar ist es bei Temperaturen um minus 20 Grad angenehmer als auf dem roten Planeten, und es gibt an der Küste Tiere: Albatrosse, Raubmöwen, Buckelwale, Robben, Seeleoparden und, zur Freude der Kinder, Heerscharen von Pinguinen. Für die ist es eigentlich schon zu warm. Im letzten Sommer hatte ein Wetterextrem für Höchstwerte von 40 Grad plus gesorgt. Du liest richtig, Urgroßvater, eine Hitzewelle ging über die Westantarktis hinweg! Auch wenn es grotesk klingt, sie mussten die Container kühlen. Es ist scheußlich eng darin, der Platz reicht einfach nicht. Männer und Frauen, selbst Paare wurden erst mal getrennt. Die Kinder bleiben bei ihren Müttern – ja, überkommene Geschlechter-Klischees, ich weiß.
Aber die Stadt, in der wir alle gut miteinander auskommen wollen, muss erst noch errichtet werden, und bevor wir Wohnungen bauen, brauchen wir Gewächshäuser und Kraftwerke.“
„Stell ich mir spannend vor, eine komplett neue Stadt hochzuziehen. Wer hat sie projektiert?“
„Rate mal, Great-Granddaddy.“
„Die KI?“

„Richtig, im Quantennetz sind die Architekturen aller Städte der Welt gespeichert, auch die der in Kriegen zerstörten und im Ozean versunkenen. Sogar ein Großteil der antiken Ruinenstädte wurde rekonstruiert. Allerdings hat es noch nie eine Großstadt am Südpol gegeben."

„Urbanes Neuland also. Habt ihr schon einen Namen für euer künftiges Zuhause?"

„Offiziell gibt es nur eine Nummer: A-001. Mittlerweile kursieren aber schon verschiedene Bezeichnungen für unsere Stadt – von Iglu-City bis Metropolar. Ich nenne sie Kap der Neuen Hoffnung."

„Das klingt gut. Wo bist du gerade?"

„In Kiris Büro. Da die Chefin unterwegs ist, dachte ich mir, nutze die Gelegenheit und schau mal, ob sich das Zeitfenster auch von der Antarktis aus öffnen lässt. Ich war mir, ehrlich gesagt, nicht sicher, dass es am Ende der Welt funktioniert. Sorry, ich weiß nicht, wie viel Zeit wir noch haben, Kiri kann jeden Moment zurückkommen. Wundere dich also nicht, wenn ich die Verbindung kappe."

„Alles klar, Filipa."

„Kiri ist übrigens die Tochter eines schwedischen Polarforschers, der seit 60 Jahren die Gletscher vermisst und besser als wir alle weiß, wie schnell sich selbst hier alles ändert. Vor zwei Jahren hatte auch sie sich für eine Weltraummission beworben, wurde aber nicht genommen.

Also trat sie in die Fußstapfen ihres Vaters. Ihre Mutter stammt aus der Mongolei. Von ihr hat sie die Kraft und

Zähigkeit der Nomaden. Kiri ließ zunächst Jurten, also Rundzelte, dann das Containerdorf errichten. Die Raumfahrt hat sie für sich abgehakt. Die Besiedlung des Südpolgebiets sei ohnehin die größere Herausforderung, sagt sie. Bei jeder Baumaßnahme muss das Abschmelzen der Gletscher mitgedacht werden, zumal das Schmelzwasser im Sommer reißende Flüsse bildet. Und wir bohren tief in die Erdkruste, um die Container und Treibhäuser mit Wärme zu versorgen.
Unter den Gletschern ist die Temperatur viel höher als gedacht. Es gibt unterirdische Vulkane, von denen etliche noch aktiv sind. Karlo, der Hamburger, schätzt, dass die Erdwärme reicht, um nicht nur Städte, sondern auch Wälder, Felder und Weideland unter riesigen transparenten Kuppeln zu beheizen. Doch die Statik macht ihm Sorgen, denn es rumort in der Tiefe. Die Häuser und Kuppeln müssen so gebaut sein, dass sie selbst heftigeren tektonischen Bewegungen standhalten."
„Fürchtet ihr Vulkanausbrüche?"
„Keine Sorge, Great-Granddaddy, wir können die Container in kürzester Zeit evakuieren. Daran denkt im Moment aber niemand. Erst mal müssen die Neuankömmlinge untergebracht und versorgt werden. Was ja mein Job ist. Meine Hauptaufgabe ist, ihnen Hoffnung zu geben.
Hoffnung ist eine verdammt schwere Arbeit ... – wer hat das mal gesagt?"
„Eine junge Aktivistin aus Hamburg. Sie heißt Luisa Neubauer."

„Richtig, das sagt mir auch mein Chip. Aber jung war sie zu deiner Zeit. Luisa ist jetzt mit 110 Jahren sozusagen unser weiblicher Methusalem, neben Greta natürlich ...“
„Greta Thunberg?“
„Genau. Auch die schwedische Klima-Ikone, die zwischenzeitlich wegen ihrer radikalen Ansichten heftig gerupft wurde, weilt noch unter uns ... Wo war ich stehengeblieben? Ach ja, Zuversicht. Ist in der Tat eine schwierige Angelegenheit. Ich weiß, wovon ich rede, ich leite mehrere Gesprächskreise. Wir mischen die Nationalitäten, Religionen und Stammeszugehörigkeiten, um jeder Form von Diskriminierung schon im Ansatz zu begegnen. Allerdings stoße ich mit meinen Motivationskünsten an Grenzen, auch bei mir selber. – Moment, ich glaube, Kiri kommt zurück. Ich schau mal schnell nach ... Ja, es ist ihr Luftkissenboot, das da anlandet. Ich muss leider Schluss machen, Urgroßvater. Du wirst weiter von mir hören.“

Nicht viele, aber laut

Obwohl unser Kontakt bereits mehr als drei Jahre währt, habe ich kein Foto von Filipa. Ich weiß nicht, wie meine Urenkelin aussieht, und das in einem Zeitalter, in dem das Internet Tag und Nacht mit Bildern geflutet wird. Ach, unser World Wide Web gibt's ja bald nicht mehr ... Soll ich meine Urenkelin um ein Porträt bitten? Nein, wenn sie wollte, hätte sie mir längst eins geschickt. Bisher hat sie mir überhaupt kein einziges Foto übermittelt. Alles, was ich über das Leben in 50 bis 80 Jahren erfahre, entnehme ich ihren Worten.

Plötzlich keimt wieder Misstrauen auf. Vielleicht doch ein Fake? Ist Filipas Welt am Ende ein akribisch ausgetüfteltes, täuschend echt wirkendes Zukunftsszenario, eine KI-basierte Worst-Case-Erfindung von Klimaaktivisten? Aber woher sollten die wissen, wer Opa Janusch ist und was in meinen unveröffentlichten Büchern steht? Nein, es muss eine andere Erklärung geben.

Die Gewohnheit, überall Selfies zu machen und ständig Fotos von sich und Freunden zu posten, scheint mit dem Internet untergegangen zu sein. Schade, denn ich hätte schon ganz gern ein paar Ansichten aus der Zukunft. Wie sieht Filipa aus? Da meine Urenkelin die

Fridays-for-Future-Ikone selbst ins Spiel gebracht hat: Ich stelle sie mir wie eine Schwester von Greta Thunberg vor: blond, mit langem Zopf und skeptischem Blick. Größer natürlich und keinesfalls so introvertiert wie die Erfinderin des Klimastreiks. Filipa hat ein Lächeln auf den Lippen. Ich mag ihre Neugier, ihr offenes, einnehmendes Wesen. Meine Frage, was man in ihrer Zeit von Greta Thunberg hält, beantwortet sie ausführlich:

„Auch im Alter hat Greta nichts von ihrer Strahlkraft eingebüßt. Es hagelte damals heftige Vorwürfe, als sie sich im Gaza-Krieg mit den Palästinensern solidarisierte und Israel indirekt des Völkermords bezichtigte, ohne das Massaker der Hamas gegen die Juden zu erwähnen."

„Moment, Gaza-Krieg? Ich kann dir nicht folgen, Filipa. Was für ein Massaker?"

„Oh, sorry! Ihr schreibt das Jahr 2022, das kommt erst noch."

„Was kommt noch? Bitte mach mir keine Angst! Wir erleben schon genug Leid in der Ukraine. Bald auch Krieg im Nahen Osten?"

„Dazu sage ich nichts."

„Wann, Filipa?"

„Es geschehen Dinge, die du nicht verhindern kannst, Urgroßvater. Akzeptiere das, selbst wenn es schwerfällt. Wo war ich stehen geblieben ...?"

Filipas Prophezeiung beunruhigt mich. Ich überlege, ob ich nicht doch noch mal nachhaken soll, lasse den Gedanken aber fallen.

„Bei Greta Thunberg."

„Ja, im Nahost-Konflikt hatte sich Greta verrannt. Das hing ihr lange an. Doch als Greisin genießt sie wieder Kultstatus. Sie tritt nur noch selten bei Weltklima-Foren auf. Konsequenterweise ist sie nie in die Politik gegangen. Ich kenne den Beginn der Fridays-for-Future-Bewegung zwar nur aus der Chronik, habe aber wie alle meiner Generation Gretas Hologramm vorm schwedischen Parlament besucht, heute eine Pilgerstätte für Aktivisten und Klimaveteranen aus aller Welt. Da sitzt sie noch immer als Schülerin mit ihrem selbstgemalten Plakat, und ihr Blick sagt: Denkt auch mal an uns, an eure Kinder und Enkel! Sie wird ewig die tapfere Schulschwänzerin bleiben, als die sie einmal angetreten ist."

„Heißt das", erwidere ich, „dass Greta Thunberg alle Anfeindungen unbeschadet überstanden hat?"

„Überstanden, ja. Aber was heißt unbeschadet? Von ihren Anhängern wurde und wird sie vergöttert. Aber sie war lange Zeit auch eine der meistgehassten Personen der Welt. Wenn selbst Konzernchefs und Staatspräsidenten in aller Öffentlichkeit über ein junges Mädchen herziehen, zeigt das doch, wie sehr sie mit ihrer Kritik und ihren Forderungen richtig lag."

„Zu meiner Zeit erregte man sich darüber, dass Greta Thunberg mal zum UN-Klimagipfel in New York gesegelt ist, verfolgt von einem fliegenden Geschwader Journalisten."

„Die Videoaufnahmen kenne ich. Greta weigerte sich, zu fliegen. Sie hat, glaube ich, zum ersten Mal wieder ein Flugzeug bestiegen, als dieses schon mit klimaneutralem Wasserstoff flog."

„Mich erinnert sie an das Kind im Märchen von des Kaisers neuen Kleidern“, tippe ich. „Während sich die Erwachsenen von der Macht blenden lassen, spricht die Kleine aus, was sie wirklich sieht: Der Kaiser ist nackt.“

„Tut mir leid, Great-Granddaddy. Dieses Märchen kenne ich nicht.“

„Es ist von Hans Christian Andersen.“

„Von wem? – Ah, der Autor der ‚Kleinen Meerjungfrau‘. Auch ein Außenseiter. Ich glaube, dass Greta die Außenseiterposition, in der sie sich von Kindheit an befindet, geholfen hat, schwierige Situationen zu meistern.

Berühmt sind ihre Sätze über das Asperger-Syndrom. Ich zitiere Greta nach meinem Chip: ‚Ich sehe die Welt etwas anders, aus einer anderen Perspektive. Ich habe ein besonderes Interesse. Es ist sehr üblich, dass Menschen im Autismus-Spektrum ein besonderes Interesse haben.‘“

„Genauso hat sie sich ausgedrückt. So steht es auch bei Wikipedia.“

„Wo?“

„Wikipedia ist unsere kollektiv erstellte Datenbank, sozusagen mein Internet-Chip.“

„Vorsicht, Urgroßvater. Ich sehe gerade, dass unser Datenspeicher deine Quelle als begrenzt vertrauenswürdig und manchmal problematisch bewertet. Jeder darf Informationen einspeisen oder ändern, was nicht immer ausreichend geprüft wird. Habt ihr keine professionellen Datenbanken, auf die du als Journalist zugreifen kannst?“

„Nur von Agenturen, doch die sind auch nicht immer zuverlässig. Es sind zu viele Lügen und Halbwahrheiten im Umlauf."

„Als Jugendliche soll Greta auch in Deutschland aufgetreten sein. Bist du ihr mal begegnet?"

„Bisher nicht. Ich sehe sie manchmal im Fernsehen. Greta Thunberg hat unter jungen Menschen eine weltweite Bewegung angestoßen, die ihresgleichen sucht. Deshalb frage ich mich, wieso die Resonanz in meiner Stadt so gering ist."

„Das heißt was, Urgroßvater?"

„Es sind die Mühen der Ebene, von denen ich schon des Öfteren gesprochen habe."

„Willst du damit sagen, dass es bei euch keine Fridays-for-Future-Demonstrationen gibt?"

„Doch. Seit ich mich dem Klimabündnis angeschlossen habe, gab es schon zwei. Und jedes Mal wunderte ich mich darüber, wie wenig junge Leute da mitmachen."

„Ach. Und ich dachte, es sind Massen von Schülern, die für ihre und unsere Zukunft demonstrieren."

„Da muss ich dich enttäuschen, Filipa. Es sind auch nur wenige, die sich für unser Bündnis engagieren. Im Gegensatz zu den Ballungszentren Berlin, München oder Hamburg, wo es weit mehr Unterstützer gibt, findet hier der Klimastreik erst nach Unterrichtsschluss statt. Kann man das überhaupt Streik nennen? Auf meine Nachfrage hieß es, die Schulleitung würde es sonst nicht erlauben."

„Wie bitte? Hat Greta vielleicht ihre Lehrer um Erlaubnis gefragt, als sie vorm Parlament demonstrierte?"

„Bei uns wollen Lehrer und Eltern, dass die Kinder und Jugendlichen ihre Nase ins Lehrbuch stecken. Wenn sie es doch wenigstens täten! Ich fürchte, es hat andere Gründe, dass bei den Nachmittagsdemos nur knapp die Hälfte der Teilnehmer Schüler sind. Gemessen an der Gesamtschülerzahl – in unserer Stadt gibt es 83 Schulen! – ist das eine absolute Minderheit. Dennoch gelingt es den Zwölf- bis Achtzehnjährigen ganz gut, ihre Stimmungslage zum Ausdruck zu bringen."

„Wie meinst du das?"

„Na, ich habe mir ihre Plakate und Transparente angeschaut. ‚Das Meer wird wie ich immer saurer', hatte ein Junge mit roter Farbe darauf gepinselt. Ein kleines Mädchen hielt einen Pizzadeckel hoch, auf dem dick mit Filzstift stand: ‚Wo bist du, Klimakanzler?'. Viele Losungen wirkten selbst ausgedacht, zum Beispiel: ‚Keine Träume ohne Bäume' oder ‚Pakistan versinkt, während ihr Champagner trinkt'. Jemand hatte sich trotz der Hitze einen Eisbärenpelz übergezogen und fragte: ‚Wo ist mein Zuhause?' Bevor es losging, erinnerten die Organisatoren über Lautsprecher an Katastrophen der jüngsten Zeit: das Hochwasser im Ahrtal, Überschwemmungen in Bangladesch, Hitzewellen und Dürren in Afrika, Waldbrände in Griechenland und Kalifornien, Wirbelstürme über Hawaii und Klimaflüchtlinge aus der Sahelzone. Fazit: Die Erde liegt im Fieber. Nur rasches, gemeinsames, konsequentes Handeln kann sie retten."

„Wie viele waren bei der Demo?"

„Knapp 700."

„Und wie viele Einwohner hat deine Stadt?"

„Mehr als 200.000."

„Nur 700 von 200.000! Wie haben die Unbeteiligten auf eure Demo reagiert?"
„Es war ein bunter, fröhlicher Protest, Filipa. Allerdings klangen die Sprechchöre in meinen Ohren manchmal komisch. ‚Wir sind viele, wir sind laut, weil ihr unsre Zukunft klaut!' Ja, laut waren sie, aber eben nicht viele. Nach der Demo ging ich zu den Initiatoren, die auch keine Schüler mehr sind. Ein Student und eine Uni-Absolventin hatten den Protest mehr oder weniger im Alleingang organisiert. Ich wollte mich mit den beiden zum Gespräch verabreden, um sie kennenzulernen. Doch daraus wurde nichts.
Sie hätten keine Zeit für mich, sagten sie. Sie fühlten sich überfordert und könnten nicht mehr aktiv sein. Mit anderen Worten: Sie haben mir einen Korb gegeben."
„Was für einen Korb?"
„Sie haben abgelehnt."
„Lass Dich nicht entmutigen, Great-Grandpa!"
„Ich bin nur enttäuscht. Demnächst beginnen die Gespräche mit der Stadtverwaltung über einen Klimaaktionsplan, auch da ist kein Schülervertreter mit dabei. Wir, die für das Klimabündnis der Zukunft verhandeln, sind zwischen 45 und 75 Jahre alt. Bis auf Nadine, die ist, glaube ich, erst Mitte 30."
„Jungsein ist nicht nur eine Frage des Alters, Urgroßvater. Wichtig ist, wie du dich fühlst."
„Na, wie ein Jungspund, Filipa."

Wer ist Daniel?

Es bedrückt mich, dass Filipa nie etwas von ihren Eltern erzählt. Insgeheim warte ich noch immer darauf, etwas über sie zu erfahren. Wo sind sie? Was machen sie und was haben sie durchgemacht? Ich weiß nicht einmal, ob sie 2106 noch leben. Aber dass ich einen Enkelsohn oder eine Enkeltochter bekommen werde, ist so sicher wie das Amen in der Kirche. Sonst gäbe es ja meine Urenkelin Filipa und meinen Urenkel Pablo nicht.

Aber wann?

Als ich Filipa erneut danach frage, reagiert sie kurzangebunden und so schroff, wie lange nicht mehr. Es folgt ein Erklärungsversuch:

„Du weißt, dass ich dir das nicht sagen darf. Die Gründe kennst du. Meine Eltern sind ... sind zu dicht ... Wie soll ich es ausdrücken? Sie sind zu dicht an dir dran, zu eng mit deinem Leben verknüpft. Alles, was du über sie erfährst, könnte dein Denken und Handeln unmittelbar beeinflussen und somit Daniel und auch mich gefährden."

„Wer ist Daniel?"

Lange Pause. Dann:

„Siehst du, schon ist es passiert!"

„Was? Was ist passiert, Filipa?

Ich starre auf ihr Textfeld, das sich nicht wieder füllt, auch nach fünf Minuten noch nicht, und langsam beginnt es bei mir zu dämmern: Daniel ist Filipas Vater – mein Enkel! Der für mich ja ebenfalls noch nicht existiert, dessen Geburt ich aber hoffentlich noch erlebe.
„Filipa?"
Keine Reaktion.
„Tut mir leid", tippe ich und spüre, wie mir abwechselnd heiß und kalt wird, „das war sehr unvorsichtig von mir."
Filipas Textfeld bleibt leer. Ich warte weiter, denn das Zeitfenster leuchtet noch.
Ich warte eine Stunde, zwei, drei. Nichts passiert. Mir ist längst klar, dass ich mit meiner Indiskretion alles vermasselt habe, als doch noch eine Antwort kommt.
Leider von Pablo:
„Hallo, Urgroßvater! Du zwingst mich mal wieder dazu, dass ich für meine Schwester einspringe. Hör auf, Filipa zu bedrängen! Begreifst du denn nicht: Je tiefer du bohrst, desto mehr bringst du uns in Gefahr. Ich dachte, das wäre ein für alle Mal geklärt.
Also nochmal: Der Zeitstrahl verläuft normalerweise nur in eine Richtung, in die Zukunft. Das heißt, was uns passiert, hat keine Auswirkungen auf das Vergangene. Andersrum, wenn er sich rückwärts bewegt, geraten wir in eine gefährliche Grauzone, da ändern sich blitzschnell die Kausalitäten. Unser Dialog basiert – wie soll ich es nennen – auf einer Anomalie, eigentlich dürfte es ihn gar nicht geben. Ich nutze Reste des alten, abgeschalteten Internets, das selbst die KI nicht mehr auf

dem Schirm hat. Es ist sinnlos, dir das genauer zu erklären, du würdest es nicht begreifen. Wichtig ist nur, dass du dich an die Regeln hältst. Meine Schwester hat dir gesagt, dass bestimmte Dinge tabu sind. Wenn du das nicht akzeptierst, muss ich den Zeitkorridor schließen.“

Ich zögere mit der Antwort, denn eine Entschuldigung wird diesmal nicht reichen. Es war ein Fehler, nach Filipas Vater zu fragen. Das sagt mir mein Verstand. Doch meine Gefühle sind manchmal stärker.

„Glaubst du im Ernst, Pablo, dass ich meinem Enkel etwas antun könnte?“

„Nicht vorsätzlich. Ob du willst oder nicht, du bringst etwas ins Rollen, was fatale Folgen haben könnte. Für Filipa, für unseren Vater und für mich. Willst du das riskieren?“

Natürlich nicht. Auch wenn ich liebend gern erfahren hätte, wann ich Großvater werde und wo und wie mein Enkel Daniel aufwachsen wird, werde ich Pablos Weisung respektieren.

Auch Filipa zuliebe.

Hilferufe ins All

„Bin wieder da."

„Hallo, Urenkelin! Bist du mir noch gram?"

„Gram?"

„Na, habe ich dich verärgert?"

„Nein. Doch, ein bisschen. An mir lag es aber nicht, dass wir keine Verbindung hatten. Auch nicht an meinem Bruder. Es gibt Unregelmäßigkeiten. Die Zeitfenster-App blockiert manchmal, und dann muss ich Pablo bitten, sie wieder zum Laufen zu bringen. Eigentlich wollte er es nicht mehr tun. Wir bewegen uns auf sehr schmalem Grat, und die Gefahr, dass die KI es herausfindet, wächst. Wenn du nichts mehr von mir hörst, dann sind wir, wie sagt man – aufgeflogen?"

„Genau. Lass' uns die Zeit nutzen, die wir noch haben, Filipa."

„Frag, Great-Granddaddy!"

Eigentlich will ich meiner Urenkelin vom nächsten Klimastreik erzählen, den Fridays for Future organisiert hat. Stattdessen greife ich das Angebot auf und stelle ihr eine Frage, die mich schon lange, genau gesagt seit meiner Jugend beschäftigt: Sind wir allein im All?

Seit Juri Gagarins Erdumkreisung und Neil Armstrongs ersten Hüpfern auf dem Mond lässt sie mir keine Ruhe. Ich verfolge das SETI-Programm, mit dem weltweit nach außerirdischer Intelligenz gesucht wird. Bisher haben all die himmelwärts gerichteten Antennen keine Signale aus dem All empfangen.

Und zu Beginn des nächsten Jahrhunderts?

„Bedaure, Urgroßvater. E.T. ist immer noch nicht gelandet."

„Du kennst E.T., Steven Spielbergs Außerirdischen?"

„Aber ja, ich liebe Märchenfilme. Dieser ist so herzzerreißend unbeholfen, man spürt regelrecht die Pneumatik, mit der Hand, Hals und Kopf des runzeligen Aliens bewegt werden – eine Mischung aus Schildkröte und Pinguin. Und was dich vielleicht noch mehr erstaunen wird: Spielbergs Movie, das noch ohne digitale Effekte entstand, rangiert bei uns unter den Top Ten der besten Filme über Außerirdische. Aber um auf deine Frage zurückzukommen, es herrscht Funkstille im Weltall. Auch wir haben noch keine Nachricht erhalten, obwohl die Bemühungen um eine Kontaktaufnahme im Zuge der Klimakatastrophe noch verstärkt wurden.

„Weil ihr auf Hilfe von ‚oben' hofft?"

„Beistand aus kosmischer Ferne. Wir strecken unsere Fühler bis in die entlegensten Winkel des Universums aus und empfangen nichts als Hintergrundrauschen. Niemand spricht mit uns. So als hätte jeder mit sich selbst zu tun. Inzwischen beobachten wir Tausende Planeten, die in der habitablen Zone um andere Sterne kreisen, so dass es Leben auf ihnen geben könnte. Bestimmt existieren irgendwo in unserer Milchstraße noch andere technologisch hochgerüstete Zivilisationen. Leider sind die Entfernungen so gewaltig, dass wir uns gegenseitig nicht besuchen können. Die Raumschiffe müssten schneller sein als das Licht, was allen uns bekannten Naturgesetzen widerspräche."

„Vielleicht entdecken wir ja eines Tages das berühmte Wurmloch, in dem sich Zeit und Raum krümmen, von denen die Science-Fiction-Autoren schwärmen."

„Ja, vielleicht. Aber wer will schon mit jemandem zu tun haben, der dabei ist, seine Wiege zu zerstören. Opa Janusch hat mal gesagt, die Geschichte beweise, dass der Mensch zwar vernunftbegabt, nicht jedoch vernünftig ist."

„Oh", tippe ich, „den Satz hat er von mir. Wir haben oft über diesen Widerspruch gesprochen. Ich hoffe dennoch, dass eines Tages Menschen zu den Sternen fliegen."

„Träum weiter, Urgroßvater."

„Ich habe auch von der Zeitmaschine geträumt, Filipa, und nicht im Entferntesten geglaubt, dass sie funktionieren könnte. Und doch reden wir durch einen Zeitkorridor miteinander!"

„Du hast recht, das Träumen sollten wir nicht aufgeben."

„Wovon träumst du, Filipa?"

„Keine Ahnung. Pablo träumt von der Unsterblichkeit. Wir werden ja von Generation zu Generation immer älter. Rein medizinisch betrachtet, ist der Tod nur eine Folge von Krankheiten, die heilbar sind. Und man kann

Zellen so programmieren, dass sie sich wieder verjüngen. Doch ich frage mich, wie erstrebenswert es ist, ewig zu leben. Im Paradies, um noch einmal auf Gott zurückzukommen, gibt es keine Zeit, also auch keine Entwicklung. Das ewig Gleichbleibende wäre für mich die Hölle. ‚Denn alles, was entsteht, ist wert, dass es zugrunde geht', das wusste schon euer Goethe. Sein ‚Faust' wird heute auch als Warnung vor der menschengemachten Klimakatastrophe gelesen ...
Ach, eigentlich habe ich doch einen Traum, Great-Grandpa. Ich wünsche mir sehnlichst, dass die Erderwärmung gestoppt und rückgängig gemacht wird."
„Aber das wollen wir doch alle."
Da ich zu wissen glaube, wovon meine Urenkelin tatsächlich träumt, schiebe ich behutsam nach:
„Würdest du dann vielleicht eine deiner Eizellen auftauen lassen und doch ein Kind in die Welt setzen, Filipa?"
„Möglich, dass ich es mir nochmal überlegen würde."

Bäume unter dem Eis

„Hallo Great-Granddaddy! Gut, dass sich unser Zeitfenster selbst bei Minusgraden öffnet. Der Winter, der hier im kalendarischen Sommer hereinbricht, ist immer noch extrem. Man kann sich nur kurz im Freien aufhalten. Dazu kommen die Schneestürme. Der Vergleich mit dem Mars ist wirklich nicht weit hergeholt. Doch im Gegensatz zu unserem kosmischen Nachbarn mit seiner dünnen, lebensfeindlichen Kohlendioxid-Atmosphäre haben wir hier Luft, die sich atmen lässt, die sauberste auf der ganzen Erde. Und niemand braucht, wie noch die Forscher vor 250 Jahren, die auf Schneeschuhen und mit Hundeschlitten zum Pol zogen, den Kältetod zu fürchten. Unsere Thermoanzüge mit eingewebten Energiezellen kommen aus dem 3D-Drucker. Die Gärten und Felder sind überdacht und werden in den Monaten, in denen die Sonne nicht scheint, künstlich beleuchtet."

„Ich bewundere dich, wie du das aushältst, Filipa. Ein halbes Jahr, habe ich gelesen, geht die Sonne nicht auf, und das andere halbe Jahr geht sie nicht unter."

„Stopp. Was du meinst, ist die Polarnacht am Südpol. Aber dort sind wir nicht. Wir siedeln an der Westküste des Kontinents.

Momentan hat hier der Tag nur vier Stunden. Aber das kehrt sich bald ins Gegenteil ..."

„Nehmen die Geflüchteten diese Welt als ihr neues Zuhause an, Filipa?"

„Notgedrungen. Unser Kap der Neuen Hoffnung wächst. Inzwischen leben hier mehr als 100.000 Menschen, und weitere strömen nach. Antarktika ist nicht Afrika, nicht Asien und schon gar nicht Europa. Von hier kommt man nicht so leicht wieder weg, man kann auch nicht mal kurz zum Einkaufen nach Kapstadt, Pretoria oder in die Nelson-Mandela-Bucht. Das antarktische Festland ist immer noch zum größten Teil von einer Eiswüste bedeckt. Jeden Quadratmeter Lebensraum müssen wir ihr abringen. Rohstoffe gibt es genug, und die Gletscher liefern Süßwasser. Doch wer bis zum Klimakollaps in einer südafrikanischen Flusslandschaft gelebt oder seinen Reis in den Bergterrassen Asiens angebaut hat, wird hier nicht so leicht heimisch. Vor allem die langen Dunkelphasen setzen einem zu. Wenn die Sonne nie mehr richtig über den Horizont steigt, schlägt das aufs Gemüt."

„Das heißt, du bist wieder als Psychologin gefragt?"

„Wir arbeiten im Team, rund um die Uhr. Trotzdem kommt es zu Tragödien. Manchmal verschwinden Menschen im Eis oder stürzen sich aus Verzweiflung von der Klippe.

Willst du noch mehr erfahren?"

„Noch mehr Katastrophen?"

„Es gibt auch positive Neuigkeiten."

„Dann erzähl was Positives, Filipa."

„Ich habe jemanden kennengelernt. Eine Frau, etwas jünger als ich, wir passen gut zusammen. Jamina stammt von Grönland, von einer Insel mit dem schwierigen Namen Ikerasaarsuk, auf der sie mit ihren Eltern gewohnt hat. Stell dir vor, da stand inmitten von Fels und Geröll ein einzelnes Holzhaus! Jamina wurde mit dem Boot zur Schule gebracht. Der Polarkreis im Norden war nur dünn besiedelt. Damals. Heute ist Grönland total übervölkert. Weil jetzt im aufgetauten Frostboden Feldfrüchte und Getreide gedeihen, drängen viele, zu viele dorthin. Jamina hat ihrer Heimat den Rücken gekehrt. Ihr Elternhaus existiert nicht mehr."

„Was ist passiert?"

„Es lösten sich immer mehr Eisberge ab. Eines Tages überschwemmte eine Sturmflut die Küste. Ikerasaarsuk ist mit ein paar kleineren Inseln im Meer versunken."

„Du wolltest doch was Positives erzählen, Filipa. Was macht deine Freundin? Wohnt ihr zusammen?"

„Ja. Wir sind aus der Containerstadt in eine Siedlung umgezogen und haben in einem Bungalow 30 Quadratmeter für uns. Das ist der reinste Luxus. Dazu eine Gartenparzelle, auf der wir frisches Gemüse und Kräuter ziehen. Jamina tut mir gut, denn sie schaut nach vorn. Was sie beruflich macht? Als Gletscherarchäologin fährt sie mit ihren Leuten ins Landesinnere, um den Kontinent zu erkunden, und bringt fast immer etwas mit. Bei ihren Bohrungen stoßen sie auf Objekte, die seit Jahrmillionen im Eis eingeschlossen sind. Meteoriten und, höre und staune, Unmengen von Fossilien. Hier war ja nicht immer Eis- und Geröllwüste. Jamina hat mir die minera-

lisierten Reste von Baumrinden und Pilzen gezeigt. Sie sagt, dass schon zu eurer Zeit in Bohrkernen versteinerte Relikte eines 90 Millionen Jahre alten Regenwalds gefunden wurden. Inzwischen gibt es zahllose Indizien, die darauf hinweisen, dass der Südpol dereinst nicht nur eisfrei, sondern auch dicht bewaldet war. Wurzeln von Südbuchen sowie Pollen von Farnen, die in gemäßigten Regenwäldern vorkommen. Satellitenmessungen zeigen, dass unter der teilweise immer noch kilometerdicken Eisschicht Hochplateaus, Schluchten und Täler mit gut erhaltenen Flusslandschaften schlummern. Hier hat es auch jede Menge Tiere gegeben, sogar Dinosaurier. Und das Eis hat alles konserviert.
Weißt du, was uns Hoffnung macht?
Anhand von Klimamodellen hat die KI errechnet, dass die Jahresmitteltemperatur an den südlichen Rändern des Kontinents mal bei plus zwölf Grad gelegen hat. Stell dir vor, am Südpol gab es milde Winter und heiße, feuchte Sommer!
Und noch etwas, Urgroßvater: Die antarktischen Wälder müssen besonders widerstandsfähig gewesen sein, denn sie haben dem Wechsel zwischen langer Dunkelheit und langen Hellphasen getrotzt. Wie, das versucht Jaminas Team herauszufinden. Sie ziehen fossile Baumarten heran, und wir pflanzen die Setzlinge unter unsere Kuppeln."
„Dann gehst du bald unter Jahrmillionen alten Bäumen spazieren, Filipa!"
„Könnte man so sagen, ja. Leider wachsen Wälder nur sehr langsam. Dennoch, Jamina ist davon überzeugt,

dass es hier einmal wieder so sein wird wie auf dem Urkontinent Gondwana, aber erst in sehr ferner Zukunft. Wir werden noch ein Weilchen mit dem Eis zu kämpfen haben, bis diese Welt wieder ergrünt. Aber das ist unsere Vision. Wir brauchen Visionen, für die es sich zu kämpfen lohnt, wie die Luft zum Atmen."

„Ja, Filipa. Auch wir brauchen dringend Zuversicht. Nach jetzigem Stand werden wir die Pariser Klimaziele von 2015 meilenweit verfehlen. Wir wissen, dass wir die globale Erwärmung nicht mehr stoppen können, kämpfen aber um jede Stelle hinterm Komma. Wir kämpfen um jedes Zehntel Grad."

„Gut so, Urgroßvater. Nicht lockerlassen."

„Manche Leute behaupten, wir müssten uns keine Sorgen machen, da ihr es für uns richten würdet, mit neuen Technologien. Ich war ja auch mal technikgläubig ..."

„Was genau meinst du?"

„Sie glauben, dass man, um die Temperaturen zu senken, nur den Himmel verdunkeln müsste, so wie es bei Vulkanausbrüchen passiert. Oder mit riesigen kosmischen Spiegeln das Sonnenlicht ablenken."

„Wenn du damit das solare Geoengineering meinst, muss ich dich enttäuschen. Es wurde im großen Stil versucht, um die Erde abzukühlen – auch durch Aerosole, die die Wolken aufhellen, damit sie mehr Sonnenlicht reflektieren. Jedes Kind konnte es sehen, denn der Himmel war plötzlich nicht mehr blau, sondern weiß. Gebracht hat es kaum etwas, nur den Flugverkehr und die Satellitenüberwachung gestört. Spiegelsysteme im All waren extrem teuer, und auch da hielt sich der Effekt in

Grenzen. Die größten Hoffnungen ruhten auf den künstlichen Formen der CO_2-Speicherung.
Das Treibhausgas wurde verdichtet und am Grunde der Ozeane und an Land tief unter der Erde gespeichert. Das brachte Linderung, doch zu welchem Preis ... Indigene Völker haben schon immer davor gewarnt, den Planeten ausbeuten und kontrollieren zu wollen. Wir sind nur Bewohner der Erde. Jeder Eingriff in ihr komplexes Ökosystem zeitigt Folgen, die sich nicht vorhersehen lassen."
„Du meinst, wir sollen auf die Indigenen hören?"
„Sie gebieten Demut und Respekt vor der Natur. Zurecht. Wir dürfen unsere Umwelt nicht noch mehr verändern, Urgroßvater. Wir müssen *uns* ändern. Mit anderen Worten: Statt den Planeten uns anzupassen, sollten wir uns dem Planeten anpassen."

Das Maßvolle wird zum Maß der Dinge

„Filipa, bitte, ich muss etwas wissen: Unser Klimaentscheid, um den wir seit Monaten ringen, wird er Erfolg haben? Wird meine Stadt wirklich bis 2035 klimaneutral?“
„Warum fragst du, Urgroßvater? Zweifelst du?“
„Es geht so schleppend voran. Dabei sind wir uns, was das Ziel betrifft, einig. Wir wollen alle das Beste für unsere Stadt. Wir, die im Namen der Bürger fordern, dass die Maßnahmen schneller umgesetzt werden, und sie, die Bürgervertreter und Mitarbeiter der Stadtverwaltung, die sie umsetzen müssen. Manches, sagen sie, liege nicht in ihrer Hand. Zudem fehle es an Geld und Personal, und wegen des Ukraine-Krieges seien wichtige Lieferketten unterbrochen. Auch bedarf die Verwaltung dringend einer Reform, doch das dauert, falls es überhaupt jemand mal anpackt, Jahre.“
„Was erwartest du von mir? Einen Blick in die Kristallkugel?“
„Wenigstens einen kleinen Lichtblick, Filipa.“
„Tut mir leid, Great-Granddaddy. Damit kann ich nicht dienen.“
„Weißt du, was unser Dilemma ist? Die Klimaforscher haben schon vor 50 Jahren vorhergesagt, dass die Treib-

hausgase die Erde erwärmen. Es wurde aber nicht ernst genommen. Und auf der Grundlage neuer Erkenntnisse warnen sie jetzt vor einer Dynamisierung des Prozesses. Er vollzieht sich viel schneller als gedacht. Einige Kipppunkte werden nicht erst am Jahrhundertende, sondern schon in den nächsten zehn, zwanzig Jahren erreicht."

„Wem sagst du das, Urgroßvater."

„Ich rede mit vielen Leuten, doch sie glauben mir nicht. Sie sagen, es gäbe auch andere Meinungen. Meinungen? Es geht um Expertisen! Natürlich ist es bequemer, der Wahrheit auszuweichen, Tatsachen anzuzweifeln oder gänzlich zu ignorieren. Und die Algorithmen helfen dabei, dass sich Halbwahrheiten und Lügen tausendfach, millionenfach verbreiten."

„Das kenne ich. Auch bei uns gibt es Leute, die sich hinter Scheinargumenten verstecken. Sie können die Katastrophe nicht mehr leugnen, sie ist ja längst eingetreten und fordert täglich Opfer. Statt selbst etwas zu unternehmen, schieben sie alles auf euch. Ihr allein, behaupten sie, seid schuld an der globalen Katastrophe, und nehmen sich damit aus der Verantwortung."

„Wir tun was, Filipa. Wir wollen, dass sich was ändert."

„Wie laufen die Verhandlungen mit der Stadtverwaltung?"

„Da wurde Vertraulichkeit vereinbart. Also kein Kommentar."

Kaum habe ich den Satz geschrieben, muss ich plötzlich lachen. Wer von unseren Verhandlungspartnern würde je erfahren, was ich meiner Urenkelin anvertraue? Trotzdem halte ich mich an unsere Absprache, keine

Interna weiterzugeben, nicht mal in die Zukunft, und denke dabei auch an die KI, die schon jetzt unser Leben verändert. Was kommt da auf uns zu? Selbst Pablos Zeitfenster, das hin und wieder einladend leuchtet, doch die meiste Zeit dunkel bleibt, ist mir nicht geheuer.

„Aber ich werde dir von Robert erzählen, unserem Methusalem“, tippe ich. „Denn ich glaube, seine Vision von einer neuen Gesellschaft wird dich interessieren. Sie ist in ihrem Kern ähnlich und doch ganz anders als die kommunistische Verheißung, die so kläglich an der Wirklichkeit gescheitert ist. Aber deshalb aufgeben? Wir suchen doch eine Alternative zum herrschenden System, das Eigennutz und Gewinnmaximierung über alles stellt.“

„Ja, Great-Granddaddy, das interessiert mich wirklich.“

„Ich muss dir nichts vom Krisencocktail erzählen, der sich bei uns zusammenbraut. So viele Krisen gleichzeitig gab es noch nie. Der Kapitalismus schaffe sich selber ab, lautet Roberts Schlussfolgerung. Als wir nach einer Verhandlungsrunde mit der Stadt noch in seinem Lieblingscafé saßen, erläuterte er mir das etwas genauer.

Die Ressourcen seien endlich. Wenn drei Viertel der Weltbevölkerung in Städten wohnen wollen, weil es dort noch Arbeit und Ablenkung gibt, sagt er, heiße es bauen, bauen, bauen. Dazu werden Unmassen von Sand benötigt, der knapp ist, und Wasser, das ebenfalls knapp ist, und Energie, die immer teurer wird. Ganz zu schweigen von Phosphor und Kali für die Landwirtschaft, seltenen Erden für die IT-Branche und Lithium für die Mobilitätswende. Woher sollen all diese Rohstoffe für acht

Milliarden Menschen kommen? Wenn die Ressourcen nicht reichen, muss das Wachstum gebremst, notfalls gestoppt werden. Nur eine Postwachstumsgesellschaft, glaubt Robert, könne verhindern, dass wir weiter über unsere Verhältnisse leben. Die hochentwickelten Industrieländer müssten vorangehen. Wir brauchen eine Assoziation, in der alle mitentscheiden, welche Bedürfnisse in welchem Maße befriedigt werden, und zwar weltweit. Entscheidend ist, dass die Konsumenten nicht nur zur Selbsteinschränkung bereit sind, sondern den Konzernen auch vorgeben, was wie und in welchen Mengen erzeugt werden soll. Basisdemokratie sollte Politik und Wirtschaft stimulieren und reglementieren, nur so können wir überleben. Wie siehst du das, Filipa?"

„Das muss ich erst mal sacken lassen, Urgroßvater. Was euer Methusalem da mit einfachen Worten umreißt, deckt sich zu Teilen mit dem, was unsere Experten proklamieren. Es gibt nur einen Weg, mit uns und unserem Planeten ins Reine zu kommen: Die Vernunft muss zum Maß aller Dinge werden, nicht die Gier. Das wurde schon früh erkannt, doch nie konsequent umgesetzt. In der Westantarktis leben wir nach diesem Prinzip. Grund und Boden gehören allen, und alle arbeiten am Aufbau der Stadt und der Produktionsanlagen mit. Bis auf die, die psychisch und physisch nicht in der Lage dazu sind. Leider sind das nicht wenige."

„Ist das nicht kommunistisch?"

„Nein, das ist Basisdemokratie. Auch etwas Einfaches, das schwer zu praktizieren ist."

„Filipa, du glaubst nicht, wie viel Hoffnung du mir gibst! Es ist gerade alles so grau um mich herum."

„Auch wir brauchen Licht, Urgroßvater. Lichtduschen, Lichtschneisen, Lichtinseln. Anders ist die Finsternis nicht zu ertragen. Übrigens werde ich morgen Jamina zu einer 150 Kilometer entfernten Gletscher-Station begleiten. Ich melde mich nach unserer Rückkehr."

Studium in „Xi-Jinping-City"

Das Zeitfenster ist schwarz wie die Polarnacht. Ich fürchte schon, Filipa könnte auf der Exkursion etwas zugestoßen sein, da geht die Sonne auf. Ich finde, man darf ruhig ein bisschen pathetisch werden, wenn unsere App wieder leuchtet.

„Bist du auf Empfang, Great-Granddaddy?"

„Ja, Filipa. Ich freue mich, von dir zu lesen. Wie war euer Ausflug zu den Gletschern?"

„Kalt und stürmisch. Die Observer, die wir besucht haben, sind nicht zu beneiden. Eigentlich könnte auch die KI die Gletscher überwachen, doch das ältere japanische Ehepaar haust dort seit Jahrzehnten in totaler Abgeschiedenheit. Ich finde es rührend, wie die beiden bei Wind und Wetter zu den Messstellen stapfen, um deren Funktionen zu überprüfen."

„Warum tun sie das?"

„Weil sie der KI misstrauen. Sie fürchten, dass die Computer uns bei Gefahr nicht rechtzeitig warnen. Dass sie uns im Katastrophenfall auflaufen lassen könnten. Damit sind die beiden nicht die einzigen, die eine Maschinen-Verschwörung für möglich halten. Die künstliche Intelligenz, glauben sie, könnte ein Interesse daran haben, uns eines Tages loszuwerden."

„Warum?“
„Weil wir nicht vollkommen sind.“
„Und was glaubst du?“
„Ich weiß, dass wir ohne ihre Hilfe nicht überleben. Angst macht mir, in was für einem Tempo die KI lernt und sich vernetzt.“
Sie lernt hoffentlich aus unseren Irrtümern und Fehlern, denke ich. Und was können wir von der KI lernen? Dass man Problemen nicht ausweichen darf, sondern versuchen muss, sie zu lösen ...
Auch unser nun schon vier Jahre dauernder Dialog hat eine Entwicklung durchgemacht. Vier Jahre sind es nach meiner Zeitrechnung, für meine Urenkelin stellt sich das anders dar. Am Anfang war's chaotisch. Wir hatten nur sporadisch Kontakt, und ich wusste oft nicht, wie alt Filipa ist und aus welchem Jahr sie sich meldet. Bei unserem ersten „Date“ war sie 13. Jetzt ist sie fast 50 und besiedelt mit einem Tross von Klimaflüchtlingen den antarktischen Kontinent. Damit ist so etwas wie Kontinuität in unseren Wortwechsel eingekehrt. Seit wir die App haben, erlebe ich so gut wie keine Zeitsprünge mehr.
„Gibt's bei dir was Neues?“
Ich zögere mit der Antwort.
Soll ich Filipa sagen, wie mir zumute ist? Gerade hat Russlands oberster Kriegstreiber angekündigt, Atomwaffen nach Belarus an die polnische Grenze zu verlegen. An die Grenze zur Europäischen Union, direkt vor die Nase der NATO, die in den Jahrzehnten zuvor näher an Russland herangerückt ist. Man macht sich gegensei-

tig für die explosive Lage verantwortlich, und der Schatten eines dritten Weltkriegs schiebt sich wieder über uns.

„Du weißt, Filipa, dass die Russen die Ukraine überfallen haben, um die abtrünnige Sowjetrepublik mit einem Handstreich zu annektieren. So wie sie sich zuvor bereits einen Teil von ihr, die Krim, einverleibt haben. Dein Bruder hat es mir prophezeit, doch ich habe es nicht für möglich gehalten. Ich glaubte, die Russen zu kennen, da ich als Kind drei Jahre in Moskau gelebt habe. Doch das waren andere Zeiten."

„Wann war das?"

„Mitte der 1960er-Jahre. Die Russen – die ich übrigens nicht so nennen durfte, für uns waren es Sowjetbürger – waren arm, genügsam und leidensfähig, aber stolz. Sie hatten die deutschen Faschisten besiegt. Die Russen heute sind im Vergleich zu uns zumeist immer noch arm. Zudem hat man ihnen den Stolz genommen. Sie vertrauen blind ihrem zu allem entschlossenen Führer. Ja, Filipa, ich benutze bewusst dieses Wort, denn Wladimir Putins Auftritte im Stadion wecken düstere Erinnerungen. Als ich mit meinen Eltern in Moskau lebte, war die UdSSR, die Union der Sozialistischen Sowjetrepubliken, eine aufstrebende Weltmacht gewesen. Die Sowjets hatten den Sputnik, die Hündin Laika und dann Juri Gagarin ins All geschossen. Sie hatten, nur wenige Jahre nach den Amerikanern, die Atom- und Wasserstoffbombe entwickelt und bauten ihren militärischen und wirtschaftlichen Einfluss in der Welt aus. Russland ist immer noch mächtig, hat seit dem Zusammenbruch seines

Imperiums jedoch an Einfluss verloren. Der Krieg gegen das Brudervolk ist ohne die Kränkung, die Putin durch US-Präsident Barak Obama und seine westlichen Verbündeten erlitten hat, nicht zu erklären. Wie dein Chip bestätigen wird, hatte Obama Russland 2014 als ‚Regionalmacht' bezeichnet. Das klang wie Hohn in Putins Ohren."

„Ich weiß. Und ich weiß auch, wie die Russen in der Nach-Putin-Ära ticken. Mit einigen, die mit mir in Novo-Norilsk studiert haben, stehe ich im Gedankenaustausch. Aber erzähl mir von deiner Moskauer Kindheit. Hast du mit russischen Kindern gespielt?"

„Ich ging ein halbes Jahr in einen russischen Kindergarten. Danach besuchte ich die Botschaftsschule, wo wir deutschen Kinder unter uns waren. Meistens jedenfalls. Einmal, es war im Winter und wir spielten im Hof hinterm Diplomatenblock, wurden wir von einer Horde Jungen in Filzjacken und Filzstiefeln verkloppt. Erst bewarfen sie uns mit Schneebällen. Dann riss mich einer, er trug eine Budjonny-Mütze mit dem roten fünfzackigen Stern, plötzlich zu Boden und rief: ‚Faschist! Faschist!'"

„Das verstehe ich nicht."

„Ich habe es auch nicht verstanden. Vater versuchte mir zu erklären, woher dieser Hass rührt. Die Deutschen hatten 1941 die Sowjetunion überfallen und unendliches Leid über die Russen gebracht. Beinahe jede Familie hatte in diesem Krieg Angehörige verloren, und ich, der ich zwei Jahrzehnte danach ins Land kam, sprach die Sprache der Angreifer, der Faschisten ... Oh, ich merke gerade, dass ich dir noch nichts über meinen Vater erzählt habe. Er wurde 1931, zwei Jahre vor dem Machtantritt der Nationalsozialisten, geboren. Das ist für dich, Moment, ich muss kurz rechnen: 175 Jahre her! Willst Du wirklich etwas über einen Ahnen wissen, der in grauer Vorzeit gelebt hat?"

„Doch, auch mein Urgroßvater interessiert mich!"

„Nur eine Episode, Filipa. Ich stehe als Knirps am 9. Mai, dem ‚Tag des Sieges über den Hitlerfaschismus', auf dem Roten Platz neben meinem Vater auf der Diplomatentribüne. Kolonnen von Werktätigen tragen Porträts der Politbüromitglieder vorbei, dann marschieren mit der Kalaschnikow vor der Brust die Streitkräfte auf. Der Befehlshaber fährt im offenen Jeep die Soldatenfront ab. ‚Urrra! Urrra! Urrra!' schallt es aus tausend Kehlen. Für mich hört sich das komisch an, weil die russische Zunge kein H sprechen kann. Sie sagt auch ‚Gitler' statt Hitler.

An der Kremlmauer bläst ein kalter Wind, und ich trete von einem Bein aufs andere.

‚Wann kommen die Raketen?', frage ich ungeduldig. Stalinorgeln und Mannschaftswagen mit Haubitzen, wie sie jetzt in der Ostukraine wieder im Einsatz sind, bilden die Vorhut.

Als Panzer über das Pflaster dröhnen, schlägt mein Herz höher. Dann endlich rollen auf Lafetten die dickbauchigen, polierten dunkelgrünen Langstreckenraketen vorbei. ‚Hat der Westen auch so viele Atomwaffen?', frage ich. ‚Nicht so viele wie wir', bekomme ich zur Antwort. Ich war sieben. Mein Vater war jüngster Botschaftsrat der DDR. Die Sowjetunion war unsere Verbündete und Chruschtschow hatte mit dem Stalin-Kult aufgeräumt. Niemals hätte ich gedacht, dass sich das Blatt wieder wenden und sich die Raketen einmal gegen mich richten könnten."

„Was soll ich dazu sagen, Urgroßvater. Dass sich Geschichte nicht wiederholen könne, war naiv gedacht und hat sich schon oft als Irrtum erwiesen. Mitunter wiederholt sie sich mit umgekehrtem Vorzeichen."

„Du weißt, dass Krieg der größte Klimakiller ist, Filipa."

„Du brauchst es gar nicht mehr zu versuchen. Von mir wirst du nichts über den Ausgang des Ukraine-Krieges erfahren."

„Und was passiert mit Taiwan? Die Chinesen wollen die abtrünnige Republik in ihr Reich holen."

„Taiwan ist … (gelöscht) Hör auf, Urgroßvater! Du probierst es ja schon wieder! Auch nichts über die Wasserkriege im Nahen Osten und am Fuße des Himalaya."

„Wasserkriege?"

„In Regionen, die nicht unter KI-Kontrolle sind, wird um die Ressourcen gekämpft. Pakistan hat Indien sogar mit dem Einsatz der Atombombe gedroht. Aber wenn wir schon bei Russland sind, kann ich dir etwas über die Universität in Neu-Norilsk erzählen, wo ich ein paar Semester studiert habe. Die gab es zu deiner Zeit noch nicht. Die Regierung in Moskau hat, wie ich schon sagte, die alte nordsibirische Industriemetropole im Schlamm des auftauenden Permafrostbodens versinken lassen. Schon 2020, daran wirst du dich vielleicht erinnern, kam es dort zu einer der schlimmsten Umweltkatastrophen."

„Meinst du den Unfall im Tanklager?"
„Unfall? Ein Pfeiler war in der aufgeweichten Erde versackt und der Tank leckgeschlagen. Mehr als 21.000 Tonnen Diesel verseuchten den Boden und den Fluss Ambarnaja. Und das war nur der Anfang des Niedergangs. Putin hätte gegensteuern können, ja müssen, hat aber sämtliche Ressourcen für seine wahnsinnigen Kriegsziele verpulvert. Kurz nach meiner Geburt wurde Norilsk, einst die kälteste Stadt Russlands, wieder aufgebaut, als Hightech-City, umgeben von der sibirischen Kornkammer. Seit sich dort der Frost zurückzieht, blüht und gedeiht die Tundra. Und die Uni zählt heute zu den modernsten der Welt.
So viel kann ich dir verraten: Putins Nachfolger sind nicht das Problem. Die Gefahr kommt aus Fernost. Ich kenne eine Menge Russinnen und Russen, die der ‚Aufbauhilfe' der Chinesen misstrauen. Im heutigen Sibirien gibt es kaum ein größeres Unternehmen ohne chinesische Beteiligung, weshalb Novo-Norilsk im Volksmund auch ‚Xi-Jinping-City' heißt, nach dem zweitgrößten chinesischen Staatsmann, der im Pekinger Mausoleum neben Mao Zedong aufgebahrt liegt."
„Und Putin?"
„Er … (gelöscht) Kein Wort mehr über den russischen Autokraten. Schlimm genug, dass sein Volk so lange für ihn bluten musste ... – Wir haben den Faden verloren, Great-Granddaddy. Du wolltest mir von deinem Vater erzählen, der als Diplomat in Moskau gedient hat."
„Dienen ist das richtige Wort. Aber da müsste ich weiter ausholen, Filipa. Legen wir eine Pause ein?"

Der „überflüssige Mensch“

„Hallo, Great-Granddaddy!“

„Hallo, Filipa. Ich wollte nur mal fragen ...“

„... wie es mir geht?“

„Ja, wie geht’s dir, Urenkelin?“

„Nun, ich will nicht klagen, auch wenn sich gerade wieder die Probleme häufen.“

„Erzähl!“

„Pretoria leidet unter einer anhaltenden Hitzewelle, und in deren Folge wurde die afrikanische Südküste von einem Hurrikan der Stärke vier heimgesucht. Seine Ausläufer haben uns zwar nur gestreift, doch der heftige Regen löste an den Gletschern Schlammlawinen aus. Bisher konnten wir das Schlimmste verhindern. Da aber die Flüsse anschwellen und das Wasser gegen die Dämme drückt, mussten wir die Wohn- und Gewächshäuser evakuieren. Zum Glück hat uns die KI rechtzeitig gewarnt. Niederschlagsmengen und Pegelstände wurden exakt vorhergesagt.“

„Wirbelstürme vor der Antarktis?“

„Keine Seltenheit, die gibt es fast weltweit. In der Karibik mussten die Hurrikane aufgrund ihrer wachsenden Stärke neu klassifiziert werden, die Skala reicht nun von

I bis VIII. Infolge der Gletscherschmelze ist mittlerweile so viel Süßwasser in die Ozeane abgeflossen, dass sich auch die Strömungsverhältnisse verändert haben. Die eisfreien Meere erwärmen sich im Rekordtempo und geben zusätzliche Energie in die Atmosphäre ab. Dazu kommen Naturkatastrophen, gegen die wir machtlos sind. Jamina erinnert immer wieder daran, dass wir hier wegen der vulkanischen Aktivitäten auch mit Erdbeben rechnen müssen."

„Seid froh, dass eure KI die Gefahren rechtzeitig erkennt."

„Ja, darauf vertrauen wir. Ich werde meine Freundin auch nach A-002 begleiten. Das ist die nächstgrößere Stadt, etwa 400 Kilometer von hier, erbaut auf einem höher gelegenen schneefreien Plateau. Dort ist man, was erdbebensicheres Bauen betrifft, schon weiter. – Aber jetzt du, Great-Grandpa. Du wolltest von deinem Vater erzählen, meinem Ururgroßvater. Als Diplomat in Moskau war er ein Befürworter der Diktatur, oder sehe ich das falsch?"

„Ja und nein. Ja, denn unterm Strich war es so. Nein, denn ganz so einfach war es wiederum nicht. Mein Vater hat sein ganzes Leben in den Dienst der sogenannten Diktatur des Proletariats gestellt. Als Kriegskind teilte er nach 1945 mit vielen seiner Generation die Hoffnung, eine neue, gerechtere Ordnung errichten zu können. Eine friedliche Gesellschaft, die ..."

„Hör auf damit, Urgroßvater! Natürlich brauchen wir Gerechtigkeit und Mitbestimmung. Aber keinesfalls das, was ihr darunter verstanden habt. Und schon gar keine

Gleichmacherei. Sozialismus, Kommunismus, Stalinismus, Maoismus, Pol-Potismus – im Namen dieser Ismen wurden Millionen unschuldiger Menschen umgebracht."

„Sagt dir das dein Chip, Filipa?"

„Das weiß ich noch aus dem Geschichtsunterricht. Und während meines Studiums hat uns der History-Algorithmus eure auf Gutgläubigkeit und Verdrängung beruhende Denkweise drastisch vor Augen geführt."

„Der Algorithmus?"

„Glaubst du, wir haben noch Dozenten, die uns vorkauen, was wir lernen sollen? Wir besuchen Dokumentationsräume, sprechen mit Zeitzeugen und diskutieren mit den klügsten Köpfen der Gesellschaft. Aber erzähle, was mit deinem Vater geschehen ist."

„Das, was dein Algorithmus bilanziert, ist meinem Vater nicht klar gewesen, jedenfalls nicht von Anfang an. Er war jung und voller Enthusiasmus. Er glaubte an die Entstalinisierung und an einen Sozialismus mit menschlichem Antlitz. Was er nicht sehen wollte, blendete er aus. Was nicht sein sollte, verdrängte er. Am Ende stand er vor einem riesigen Scherbenhaufen.

Er stand auch beruflich vor dem Aus. Bin ich, fragte er, ein ‚lischnij tschelowek'?"

„Wie bitte?"

„Das ist Russisch und heißt ‚überflüssiger Mensch'."

„Ich weiß, was das heißt. Ich spreche fließend Russisch. Aber wie kam dein Vater darauf?"

„1990, als sich um ihn herum alles auflöste, hat er sich an den Roman ‚Oblomow' des Russen Iwan Gontscharow erinnert, den er als Student im Original gelesen hatte. Der Autor beschreibt einen Gutsbesitzer als einen Angehörigen einer dem Untergang geweihten Gesellschaftsschicht, die sich Mitte des 19. Jahrhunderts in Russland wirtschaftlich und sozial überlebt hatte. Dieser Oblomow führt ein sinnloses Leben, dämmert ohne Beschäftigung, ohne Ziele und Ideale vor sich hin. Gontscharow bezeichnete seinen Helden als ‚lischnij tschelowek'. Kurz vor seinem Tod gab mir mein Vater das Buch zu lesen. Seitdem habe ich eine Ahnung, wie er sich gefühlt haben muss, als mit der Abwicklung des Instituts, an dem er bis zuletzt gelehrt hatte, auch ein Teil seiner Selbstachtung weggebrochen war. Der Gedanke, umsonst gelebt und einer Sache gedient zu haben, die sich am Ende des 20. Jahrhunderts als Illusion und Irrweg erwiesen hatte, hat ihn bis zum Ende gequält."

Ich mache eine Pause, und da sich auch Filipas Textfeld nicht füllt, grüble ich, wie ich meiner Urenkelin klarmachen soll, dass auch ich einmal an den Aufbau der kommunistischen Gesellschaft geglaubt habe.

In meine unfertigen Gedanken hinein ploppt Filipas Erwiderung, die wie eine Frage klingt:

„Ich habe meinen Chip nach Diktatur-Mustern suchen lassen. Die Computer sagen: Allen kommunistischen Diktaturen gemein ist nicht nur der Glaube an eine bessere Welt, sondern auch der Terror und die Angst, auf dem Weg dorthin zu versagen. Nichts sei unter den Verfechtern weltlicher Verheißungen so schlimm, wie als Abtrünniger, Renegat oder Verräter zu gelten. Diese

Angst scheint eine zentrale Rolle bei euch gespielt zu haben. Sie spielt sie auch heute noch, in den Autokratien, die überdauert haben."

„Du hast recht, Filipa", tippe ich. „Angst kann lähmen." Ich erzähle ihr, dass der von mir geschätzte russische Schriftsteller Daniil Granin für seine Abrechnung mit der Sowjetunion den Titel „Jahrhundert der Angst" wählte. „Dies sind Aufzeichnungen über die Angst", schrieb Granin. „Die ANGST, die einen so großen Raum in meinem Leben einnahm, die so wunderbare geistige Impulse in meiner Generation erstickte, unsere Charaktere verbog, uns kraftlos machte und so bittere Erinnerungen hinterließ."

„Die Russen sind grandios bei der Abrechnung mit sich und ihrem Zeitalter, Urgroßvater. Das haben auch die Schriftsteller in der Post-Putin-Ära bewiesen. Nachdem sie Jahrzehnte lang geschwiegen haben, die meisten jedenfalls."

„Mein Vater hat mir, als er schon im Krankenhaus lag und nur noch ein paar Monate zu leben hatte, seine Furcht gestanden, ideologisch anzuecken oder von der ‚Linie' abzuweichen. Eine Furcht, die auch ich in den 1970er- und 1980er-Jahren noch erfahren habe und die Anpassung und vorauseilenden Gehorsam zur Folge hat. Es fiel mir schwer, mich davon zu lösen. Und jetzt merke ich, dass wir uns schon wieder anpassen, an eine vom Profit geleitete Gesellschaft, die den Planeten zerstört."

Ich lehne mich zurück und gebe Filipa ein paar Minuten Zeit für Fragen. Als nichts folgt, tippe ich:

„Du schriebst vorhin, dass Autokratien überlebt haben. Sind es viele und wie mächtig sind sie?"

„Es waren etliche. Ihre Stärke beruhte hauptsächlich auf dem Besitz von Öl, Gas und anderen fossilen Rohstoffen. Und Lithium natürlich. Durch das weltweite Klimabündnis und mit Hilfe der KI, die umweltfreundlichere Technologien entwickelte, wurde ihre Macht gebrochen.

Eines wird dich vielleicht überraschen, Urgroßvater: China, die mit Abstand größte Diktatur, war in der Klimakatastrophe handlungsfähiger als die meisten Demokratien. Der Hauptklimasünder mauserte sich zum ‚Klimaretter'. Rettete rigoros, was noch zu retten war. Menschenleben spielten keine Rolle.

Bis auch dort die KI übernahm. Die Quantencomputer boten weltweit die besseren und effizienteren Lösungen."

„Wirklich besser oder nur effizienter?"

„Nicht immer besser für uns Menschen."

„Und in solchen Fällen schreitet ihr dann ein."

„So einfach ist das nicht. Die KI akzeptiert nur Fakten. Du kannst mit ihr nicht über Gefühle streiten."

„Heißt das, ihr unterwerft euch ihren aus reiner Logik getroffenen Entscheidungen? Wie lange kann das gutgehen, Filipa? Womöglich hat das japanische Forscherpaar mit seinem Misstrauen ja recht. Hast du keine Angst, dass ihr irgendwann auf der Strecke bleibt, weil ihr nicht mehr gebraucht werdet?"

„Genau diese Befürchtung habe ich. Der überflüssige Mensch – lass uns ein andermal darüber reden, Great-

Granddaddy. Ich muss los. Der Regen hat nachgelassen, und wir müssen die Hilfsgüter auf den Weg bringen. Ich habe Jamina versprochen, ihr beim Beladen der Drohnen zu helfen."

Fast alles hat sich gewendet

Wir können nur zurückblicken. Selbst wenn wir in den Sternenhimmel schauen, sehen wir Vergangenes: ferne Welten, wie sie mal vor Tausenden, Hunderttausenden, Millionen von Jahren gewesen sind. Niemand weiß, ob es sie noch gibt. Leben ist jetzt. Sekunden verrinnen, Stunden verstreichen, und morgen beginnt für mich ein neuer Tag. Für Filipa wird dieser, wenn sie durchs Teleskop schaut, mehr als ein dreiviertel Jahrhundert zurückliegen.

„Du willst etwas über meinen Alltag wissen“, schreibe ich. „Der ist, das lässt sich in einem Wort ausdrücken, unspektakulär.“

„Meinst du langweilig?“

„Na ja, ich bin im Ruhestand.“

Ich muss nicht mehr jeden Tag zur Arbeit radeln, an keinen Redaktionskonferenzen mehr teilnehmen, weder dienstliche Anrufe entgegennehmen noch kurzfristige Recherchen ausführen und schon gar nicht meinem Chef erklären, was wir heute „kochen“. Ich koche jetzt mein eigenes Süppchen.

„Ich wollte schon immer Bücher schreiben, Filipa. Mit 13 Jahren beteiligte ich mich erstmals an einem Schreibwettbewerb, sein Motto: ‚Ein Tag in meinem Leben, wenn ich 30 Jahre alt bin'. Auch ein Blick in die Zukunft. Es wäre interessant, die Einsendung wieder auszugraben. Wie habe ich mir damals das Leben als Schriftsteller vorgestellt? Ich hoffte wohl, schnell bekannt zu werden, ohne zu bedenken, dass man, um einen guten Roman schreiben zu können, etwas erlebt haben muss.

Das Erleben folgte in Schüben. Heute erst, mehr als 50 Jahre später, fühle ich mich dort angekommen, wo man die beste Sicht hat – auf sich selbst. Genauer gesagt, haben könnte, denn nicht selten verbaut man sich den Blick aufs eigene Ich."

„Ich weiß fast nichts über dich, Great-Granddaddy. Nur das, was uns Opa Janusch erzählt hat. Er sagte immer: Das Leben ist ein großer Rätselraum. Aber er sagte auch: Die fetten Jahre sind vorbei. Sag du mir mal, was die wichtigsten Stationen in deinem Leben waren."

„In wenigen Worten, Filipa?"

„Du hast genug Textfelder."

„Grob gesagt, war mein Leben zweigeteilt: die Zeit vor dem Mauerfall und die Zeit danach. Manche reden jetzt schon wieder von einer ‚Zeitenwende'. Die nach dem russischen Überfall auf die Ukraine sehe ich als Spätfolge des Zusammenbruchs der Sowjetunion und des vermeintlichen Erstarkens der westlichen Demokratien. Nun, ich kann sagen, dass ich einiges miterlebt habe: das Ende der Nachkriegszeit und den Bau der Berliner Mauer, obwohl letztere für mich im Alter von vier Jahren kein Thema war."

„Nicht so allgemein, Urgroßvater! Das hört man in jedem History-Podcast. Wie war dein Alltag in der DDR?"
„Anfangs aufregend, denn ich erlebte eine Aufbruchsstimmung, die mich in meinen Teenager-Träumen beflügelte: bemannte Flüge ins All, Mondlandung, Raumgleiter und ISS. Billiger Atomstrom sollte das Energieproblem lösen, extensive Landwirtschaft weltweit den Hunger beseitigen. Schnellstraßen und Bahngleise verbanden die entferntesten Orte miteinander, Flugzeuge landeten in Alaska und der Antarktis. Es gab gigantische Staudammprojekte, Kanäle wurden durch die Wüste gegraben, dort, wo vorher nichts wuchs, erblühten Baumwollfelder. Da wollte ich dabei sein ..."
„Mit verheerenden Folgen, wenn ich mal einhaken darf. Das war Raubbau an der Natur. In Kasachstan zum Beispiel ist wegen Übernutzung der Zuflüsse Syr-Darja und Amu-Darja der Aralsee, der größte Binnensee der Erde, bis auf ein paar Reste ausgetrocknet. Man kann Flüsse nicht ungestraft stauen und umleiten."
„Das sagt dir dein schlauer Chip. Uns hat das niemand gesagt. Im Gegenteil, unser Ehrgeiz kannte keine Grenzen. Wir wollten nicht nur die Gesellschaft, sondern auch die Natur umkrempeln. Steppen und Wüsten sollten fruchtbar werden! Es gab Anzeichen, dass da was schieflaufen könnte, doch die haben uns nicht weiter beunruhigt. Die Sowjets, hieß es, würden ja auch bald das Wetter selber machen. Sie schossen Raketen in die Wolken und ließen es punktgenau abregnen. Nur, irgendwann gab es dort keine Wolken mehr ..."

„Sorry, wenn ich dich schon wieder unterbreche. Das alles hat doch nur in deinem Kopf stattgefunden. Wo warst du in dieser Zeit?“
„In der Schule, bei der Armee, beim Studium. Der Alltag war manchmal öde, obwohl das Literaturstudium aufregend und das Studentenleben zuweilen auch ziemlich lustig war. Wenn man jung ist, feiert man Feten. Da wird auch mal die Nacht durchgemacht ...“
„Feten?“
„Studentenpartys. Wir haben Konzerte und Sportmeetings organisiert und zusammen Theater gespielt. Aber irgendwann hatte ich das Gefühl, dass sich gesellschaftlich kaum noch etwas bewegte. Die Kluft zwischen Anspruch und Wirklichkeit wurde immer größer. Warum gab es bei uns keine freien Wahlen? Warum durften wir nicht reisen, wohin wir wollten? Wer den Dienst an der Waffe verweigerte, wurde hart bestraft, Umweltschützer wurden eingesperrt.
Ich hörte davon und verdrängte es, denn ich durfte Deutschstudenten im Ausland unterrichten – ein Privileg. Ich war mit meiner Familie in Syrien und China. Den Exodus an gut ausgebildeten und vor allem jungen Menschen, die die DDR verließen, nahm ich aus der Ferne kaum wahr. Doch die Realität holte uns ein, während des Heimaturlaubs im Sommer 1989 war es nicht zu übersehen.“
„Wie ging’s weiter?“
„Mauerfall und Ende des Sozialismus-Experiments.“
„Die Wende?“
„Nein, Wende trifft es nicht. Friedliche Revolution be-

schreibt es besser. Eigentlich ein Wunder, dass bei diesem Systemwechsel kein Schuss gefallen ist.“

„Auch du hast dich gewendet, Urgroßvater.“

„Ja, aber nicht sofort. Ich begrüßte wieder den Aufbruch. Doch der war mit den ersten freien Wahlen zu Ende. Die Mehrheit entschied sich für die harte Währung, für Marktwirtschaft und bürgerliche Demokratie. Also Beitritt zur BRD. Es gab auch kaum Ideen, in welcher Form die DDR weiter existieren sollte. Zu diesem Zeitpunkt lag die Supermacht Sowjetunion bereits in Agonie, und für meinen Vater wurde die Götterdämmerung zum bitteren Lebensabend.“

„Götterdämmerung klingt pathetisch, Great-Grandpa. Welche neue, bessere Welt soll denn aus eurer alten hervorgegangen sein?“

„Die, in der wir jetzt leben. Vielleicht die bestmögliche, wenn man die Freiheitsrechte über die Gerechtigkeit stellt. Ich bin unabhängig, kann reisen, darf sagen und schreiben, was ich will.“

„Aber?“

„Aber ich spüre den Preis, den wir dafür zahlen. Profit geht über alles. Egoismus gewinnt. Ich sehe keinerlei Perspektive, und vor allem vermisse ich die Bereitschaft, das, was uns alle bedroht, an der Wurzel zu packen. Die Gesellschaft ist gespalten, es gibt keine gemeinsamen Ziele mehr.“

„Und die Klimagerechtigkeit?“

„Ist die Quadratur des Kreises, Filipa. Seit wir gemeinsam mit der Stadt am Klimaaktionsplan arbeiten, erlebe ich, wie uns diese Aufgabe bis an den Rand der Verzweiflung bringt. Ein Beispiel: Es gibt tausend Gründe, warum die klimaneutrale Sanierung städtischer Gebäude bis 2035 nicht gelingen kann: Kein Geld, kein Material, zu wenig Personal! Zwölf Monate Wartezeit auf eine Wärmepumpe! Und es gibt nur einen, einen einzigen Grund, warum sie funktionieren muss: Um die Hoffnung am Leben zu erhalten."

„Glaubst du, für uns ist es einfacher, Urgroßvater? Wir wollen eine Gletscherlandschaft in einen blühenden Garten verwandeln! Auch wir versuchen die Quadratur des Kreises."

Bist du glücklich, Filipa?

Eine Frage bewegt mich seit unserem allerersten Mail-Kontakt, doch ich wage nicht, sie meiner Urenkelin zu stellen. Jedenfalls nicht direkt. Ich würde gerne wissen, ob sie glücklich ist.
Und wenn Filipa mir diese Frage stellte?
Dann würde ich zunächst einmal wissen wollen, ob Unzufriedenheit und Glück einander ausschließen. Ich denke, nein. Denn ich bin bei weitem nicht zufrieden – weder mit der Situation, in der wir leben, noch mit dem, was wir dagegen tun. Was *ich* dagegen tue. Doch es gibt Menschen, die ich mag. Ich habe Freunde und Verwandte. Ich leide unter keiner unheilbaren Krankheit. Schwere Schicksalsschläge blieben mir bisher erspart, und ich kann meinem Hobby nachgehen, dem Schreiben. Im Moment läuft es gut. Keine privaten Katastrophen. Hin und wieder Ärger mit Nachbarn und Behörden, das ist normal. Oder ich liege aus Sorge um jemanden oder um etwas nächtelang wach. Manchmal auch, weil der Ehrgeiz an mir nagt. Selbst wenn etwas gut wird, könnte es ja noch besser werden.
„I can't get no satisfaction", singt Mick Jagger, der demnächst 80 wird.

Recht hat er. Zufriedenheit macht satt und träge. Und ich spüre selbst in meiner Unzufriedenheit noch Momente des Glücks. Glück im Alltag, in der Zweisamkeit, der Familie, im Kreise Gleichgesinnter. Ich kann mich auch für andere freuen. Und bin froh, dass ich Filipa habe. Sie war es schließlich, die mich gesucht und gefunden hat. Ist es nicht ermutigend, über Zeiten und Generationen hinweg miteinander zu reden?
Wir sollten diese Momente nutzen.
„Habe ich dir erzählt, dass ich eine Baumpartnerschaft übernommen habe, Great-Granddaddy? Jeder von uns pflanzt in seiner Freizeit Zier- und Obstbäume, pflegt Büsche und Hecken, zieht Kräuter oder baut Feldfrüchte an. Jamina betreut ein Zedernwäldchen, ich habe mich einer Kirschplantage angenommen, die erst im Polarsommer blüht. Die Bäume müssen verschnitten, geschützt und gegossen werden, was normalerweise die autonomen Gärtner erledigen ..."
„Autonome Gärtner?"
„KI-gesteuerte Roboter, die in den Gewächshäusern für optimales Wachstum sorgen. Nur an unsere Patenbäume lassen wir sie nicht ran. Die Bäume sind unsere Brüder, wie es im Lied von deinem Hans ... Moment, Hannes Wader heißt. Ich erzähle meinen Leuten vom Urwald unter dem Gletschereis und sage ihnen, dass wir ihn wiedererwecken. Da horchen sie auf. Manche melden sich als Baumpaten. Die Vorstellung von antarktischen Wäldern mit allem, was darin kreucht und fleucht, beflügelt. Es wird gepflanzt, was das Zeug hält, unter dem Schutz der Lichtkuppeln zunächst. Doch der Tag, an

dem wir die Kuppeln öffnen und unseren Wald samt Moosen, Pilzen, Insekten und Vögeln der Wildnis überlassen, wird kommen. Leider werden Jamina und ich das nicht mehr erleben. Wie hast du so schön geschrieben: Förster sind Optimisten! Ja, auch wir Polargärtner sind Optimisten. Wir pflanzen für die Zukunft."

„Wie viele antarktische Zukunftswälder habt ihr geplant?"

„Die KI will ihre Anzahl begrenzen, weil sie so enorm viel Energie und Wasser verbrauchen. Doch ich sage, und da habe ich Kiri auf meiner Seite, dass wir an anderen Stellen sparen sollten. Zuversicht muss wachsen. Oder wie unser Religionsbeauftragter sagen würde: Der Glaube kann Eisberge versetzen. Ich sehe doch, was schon allein das Pflanzen von Bäumen auslöst. Die Paten finden Erfüllung darin, machen freiwillig Überstunden und sitzen anschließend noch zusammen. Gemeinsinn ist die beste Therapie."

„Ich müsste auch mal nach meinen Bäumen schauen, Filipa. Mein Sohn, dein Opa Janusch, hat mir einen kleinen Mischwald geschenkt, zwölf einheimische Gewächse, die auf einer Pflanzung irgendwo in Sachsen stehen. Obwohl das nun schon drei Jahre her ist, bin ich immer noch nicht dort gewesen."

„Was, du pflegst ihn nicht?"

„Na ja, der wächst von alleine. Im Grunde braucht er mich nicht. Aber es könnte sein, dass *ich* ihn brauche."

„Dann fahr hin, Urgroßvater!"

Ein Gefühl von Glück durchströmt mich. Heute sind wir im Flow. Das Zeitfenster strahlt, und im Handumdrehen füllen sich die Textfelder. Filipa schildert, wie es mit der Besiedlung der antarktischen Westküste vorangeht. Luftschiffe bringen neue Geflüchtete, die Kuppelstädte dehnen sich aus, und unter ihnen verwandelt sich der steinige, mühsam mit Humus angereicherte Boden in eine Oase.

„Was grau und unwirtlich war, an manchen Stellen blüht und gedeiht es mittlerweile – schon nach so kurzer Zeit! Wenn man sich unserer Siedlung aus der Luft nähert, stockt einem der Atem. Das leuchtende Grün unter den Kuppeln macht die Polarnacht zum Tag. Kürzlich besuchte ich A-009, die fast 1000 Kilometer entfernte Stadt der Jugend, in der viele afrikanische Waisenkinder leben. Das ist unsere Problemzone. Dort kommt es in den Therapiegruppen häufig zur Eskalation, vor allem wenn ehemalige Kindersoldaten ausrasten und andere terrorisieren. Sie haben nie Liebe erfahren, kennen nur Zucht, Erniedrigung und Hass. Wir beschäftigen sie in den Wildgehegen, wo sie beim Füttern und bei der Pflege der Tiere Empathie lernen sollen."

„Was für Tiere? Robben und Pinguine?"

„Die leben in freier Wildbahn. In den Gehegen halten wir Elche, Rentiere, Polarfüchse und Luchse. Wir ziehen Auerhähne, Schneehühner und Hasen auf, damit sie hier heimisch werden. Die Kinder bauen zu den Tieren eine enge Bindung auf, schneller als zu ihresgleichen."

Die Hingabe, mit der meine Urenkelin von ihren jüngsten Erfolgen berichtet, rührt mich. Ich fasse mir ein Herz und tippe: „Bist du glücklich, Filipa?"

Wie befürchtet, bleibt ihr Textfeld erst einmal leer.

Doch dann lese ich: „Oh, Urgroßvater, was für eine Frage! Darüber muss ich nachdenken."
„Bitte, antworte spontan, Filipa. Sag, wie du dich fühlst, jetzt, in diesem Moment."
„Eigentlich ganz gut."
„Eigentlich?"
„Na ja. Ich bin froh, eine Aufgabe zu haben, die mich voll und ganz ausfüllt. Vielleicht sollte ich mich Baumtherapeutin nennen."
„Und Jamina?"
„Jamina ist für mich mehr als nur eine Freundin. Vor ihr brauche ich mich nicht zu verstellen. Bei ihr kann ich die sein, die ich bin. Ja, falls du das meinst: Ich liebe sie. Und ich liebe Pablo, wie man halt seinen Bruder liebt. Aber Glück ...? Ich weiß nicht. Das ist ein zu großes Wort."
„Nein, Filipa. Es steckt in vielen kleinen Dingen."
Nach neuerlicher Pause:
„Da magst du recht haben. Meistens merkt man es nicht. Jedenfalls spüre ich Glück weniger stark als Unglück. Ich freue mich über jedes Neugeborene in Antarktika. Die Kleinen wachsen unbekümmert in die neue Welt hinein. Das erste Baby in A-001, ein Junge, erhielt übrigens den Vornamen Roald, im Gedenken an Roald Amundsen, der am 14. Dezember 1911 mit seinem Expeditionstrupp als erster den Südpol erreichte."
„Du liebst Kinder."
„Ja, sehr. Es gibt hier so viele, die kein Zuhause haben. Seit wir in der Stadt der Jugend waren, überlegen Jamina und ich, ob wir vielleicht eines der afrikanischen Waisen adoptieren."

Inseln der Seligen

„Hallo, Filipa! Ich muss etwas loswerden. Kannst du mit ‚Letzte Generation' etwas anfangen? Das ist eine Gruppe radikaler Klimaaktivisten in Deutschland und Österreich, die durch zivilen Ungehorsam und Eingriffe in die öffentliche Ordnung Maßnahmen gegen die Klimakrise erzwingen wollen. Sie bewerfen Kunstwerke und Denkmäler mit Farbbeuteln oder kleben sich auf der Straße fest, wodurch sie Autobahnen und Flughäfen blockieren.

So etwas bringt mediale Aufmerksamkeit, kommt aber bei der Bevölkerung nicht gut an. Schon gar nicht bei den Behörden ..."

„Hallo, Urgroßvater! Entspann dich. Meinem Chip zufolge geht der Begriff ‚Letzte Generation' auf ein Zitat des US-Präsidenten Barack Obama zurück, der während seiner zweiten Amtszeit twitterte: ‚Wir sind die erste Generation, die den Effekt des Klimawandels zu spüren bekommt, und die letzte Generation, die etwas dagegen machen kann.' Stimmt."

„Das sieht der Münchner Generalstaatsanwalt anders. Er spricht von einem ‚Anfangsverdacht der Bildung einer kriminellen Vereinigung' und hat laut Medienberichten heute Morgen bundesweit Wohnungen der Aktivisten durchsuchen lassen. Ich habe mal versucht, die Website der Klimakleber aufzurufen, doch sie ist gesperrt. Für kurze Zeit stand da sogar ein Warnhinweis, dass man sich mit Spenden an das Bündnis selber einer kriminellen Handlung schuldig mache."

„Das hätte unsere KI nicht besser hingekriegt."

„Du machst Witze, Filipa. Doch die Sache ist ernst. Wir leben in einem Rechtsstaat, in dem Vorverurteilung jeglicher Art keinen Platz haben sollte. Ob eine Handlung kriminell ist, entscheiden unabhängige Gerichte. Der ‚Warnhinweis' verschwand dann auch sofort wieder. Offenbar waren den Staatsschützern die Pferde durchgegangen."

„Bleib mal cool, Great-Grandpa, die werden sich schon wieder einkriegen."

„Was ist los mit dir, seit wann rätst du zur Gelassenheit?"

„Was du erzählst, ist doch nicht neu. Die KI, pardon, euer Staat handelt nach einem bewährten Muster: Kriminalisiere, was Unruhe stiftet und auf Veränderung drängt. Die Proteste gehen trotzdem weiter."

„Aber es schlägt auch auf uns zurück. Alle, die für Klimaneutralität eintreten und bei der Anpassung an den Klimawandel mehr Tempo fordern, werden nun nicht mehr nur als Störenfriede, sondern auch als Kriminelle betrachtet."

„Und das wirft euch um?"

„Nein, es wirft uns zurück. Weil diejenigen Oberwasser bekommen, die behaupten, dass man nicht zwingend etwas gegen die Erderwärmung tun müsse. Es würden sich schon technologische Lösungen finden – in der Zukunft. Laut einer aktuellen Umfrage sind 50 Prozent der Bevölkerung nicht für mehr, sondern für weniger Tempo beim Klimaschutz, so als hätten wir unendlich viel Zeit."

„Okay, du bist frustriert. Dann erzähle ich dir mal, mit wem wir uns herumschlagen. Mit den Superreichen. Mit Mega-Umweltsündern, die sich vom Saulus zum Paulus gewandelt haben. Glaub nicht, dass das weniger frustrierend ist. Leider gilt noch immer: Wer das Kapital besitzt, macht die Ansagen."

„Ich denke, bei euch regiert die künstliche Intelligenz, Filipa."

„Die KI regiert nicht. Sie schützt und überwacht uns. Was Geld kostet und enorme Ressourcen verbraucht. Geflüchtete können zwar für ihren Unterhalt arbeiten, jedoch keine Quantenrechner bezahlen. An dieser Stelle kommen die Oligarchen ins Spiel, unsere Gönner und Spender."

„Was, ihr kooperiert mit Oligarchen? Du schriebst mir, dass sie sich in Luxusbunker und auf schwimmende Inseln zurückgezogen hätten."

„Richtig. Sie leben dort, wo das Klima noch erträglich, um nicht zu sagen angenehm ist. Einige haben sich mit ihrem Gefolge auf ihren Jachten verschanzt, andere schaukeln auf riesigen Survival-Pontons im Ozean. Wir nennen diese Bollwerke ‚Inseln der Seligen'. Kürzlich habe ich mit Kiri ein solches Inselreich vor der afrikanischen Ostküste besucht."

„Die lassen euch da einfach so drauf?"
„Nicht einfach so. Der Hightech-Branchenführer Eddy Barker, ein einflussreicher Neuseeländer, hatte uns seine Unterstützung angeboten. Wir schlossen einen Deal mit ihm. Barker liefert uns dringend benötigte Nanobauteile für unsere KI-Systeme, und im Gegenzug erwirbt er Anteile von A-009, der Jugend-Stadt nördlich vom Kap der Neuen Hoffnung."
„Lese ich richtig, Filipa, ihr verkauft euren Traum?"
„Für seine Verwirklichung sind wir zu Kompromissen gezwungen. Es ist eine Investition in die Zukunft, eine Win-win-Situation, wie ihr es nennt. Die Barkers wollen nicht bis in alle Ewigkeit auf den Wellen schaukeln, sehnen sich wieder nach festem Boden unter den Füßen. Aber willst du denn gar nicht wissen, was wir auf dem schwimmenden Eiland erlebt haben?"
„Nicht so schnell, Filipa. Wie viele Superreiche halten noch Anteile an euren Zukunftsstädten?"
„Etliche. Wir müssen verdammt viel investieren."
„Und die haben alle Mitspracherecht?"
„Sie sitzen mit im Aufsichtsrat."
„Aha."
„Was aha?"
„So viel zum Thema Abschaffung des Kapitalismus."
„Bist du jetzt enttäuscht, Urgroßvater? Die Welt ist, wie sie ist. Sie ist so, wie ihr sie uns hinterlassen habt."
„Ihr wollt sie doch verändern!"
„Erstmal müssen wir sie retten."
„Indem ihr den Bock zum Gärtner macht?"
„Bock ...? – Ah, altes Sprichwort. Ihr wart auch keine

guten Gärtner, um es freundlich auszudrücken. Vielleicht verstehst du uns besser, wenn ich dir von Barkers Arche-Noah-Island erzähle."

„Na dann, in Gottes Namen, leg los."

„In Gottes Namen?"

„Herrgott, Filipa, man sagt halt so."

„Schon gut, beruhige dich. Zunächst: Die Barker-Insel ist besser abgeschirmt als das Weiße Haus in Washington, D.C. Man kommt nicht mal unbemerkt in ihre Nähe. Auf den letzten Seemeilen wurde unser Luftkissenboot von Drohnen eskortiert, und am Hafen warteten bereits Security-Leute. Bevor sie uns mit dem Jeep in den innersten Zirkel, den Hunderte Hektar umfassenden Privatbereich des Barker-Clans, brachten, wurden wir gescannt. Schon auf der Fahrt zur Ranch verschlug es mir die Sprache. Ich war ja auf einiges gefasst, doch sowas hatte ich noch nie gesehen.

Die Barkers leben in einem vor Hitze und Unwetter geschützten Garten Eden. Eine Meerwasserentsalzungsanlage sorgt für ausreichend Feuchtigkeit. Drei Stunden führte uns der Inselherr stolz durch seine Kaffee- und Erdnussplantagen. Zwischen Kapok-, Lapacho- und Kautschuk-Bäumen, Mangos und künstlich bewässerten Mangroven wimmelte es von Pflanzen und Tieren, von denen einige als ausgestorben galten. Nein, keine Dinosaurier. Für die Kolosse der Kreidezeit wäre die Insel auch viel zu klein. Barkers Leuten ist es gelungen, die Populationen selten gewordener Tierarten zu erhöhen. Ich sagte ja, eine Arche Noah. Und ein bisschen spielt dieser Freddy schon Gottvater. Zum Beispiel hat er die

2016 auf den Galapagosinseln ausgestorbene Pinta-Riesenschildkröte zurückgeholt, wie auch den schon rund hundert Jahre früher verschwundenen, nur drei Zentimeter großen Knolligen Neuseeland-Rüsselkäfer. Klingt zwar putzig, ist aber eine genetische Meisterleistung. Kira interessierte sich besonders für den Riesenalk, einen pinguinähnlichen Vogel, der zuletzt 1844 auf einer Insel vor Island gesichtet wurde. Wir würden ihn gern in der Westantarktis ansiedeln."

„Du bewunderst diesen IT-Mogul, weil er gemeinnützige Projekte fördert?"

„Versteh mich nicht falsch, Great-Granddaddy. Wir brauchen keine ‚Inseln der Seligen'. Wir bauen lebenswerte Städte für alle. Aber ich wollte dir noch etwas zu den Klimaklebern, wie du sie bezeichnest, sagen. Auch wenn ihre Mittel nicht die richtigen sind, bewirken sie etwas. Sie machen das ja nicht zum Vergnügen, sondern aus Verzweiflung. Deshalb würde ich die ‚Letzte Generation' nicht in einen Topf mit den ‚Engeln der Gerechten' werfen, die nur eines im Sinn haben: Rache."

„Engel der Gerechten?"

„Öko-Terroristen 2.2. Sie attackieren die Festungen jener Oligarchen, die sich auf Kosten nachfolgender Generationen bereichert haben, und das sind beinahe alle. Die Avenging Angels haben eine Liste mit den schlimmsten Umweltfrevlern veröffentlicht. Danach planen sie ihren Feldzug. Auch Barker hat bereits ihre Bekanntschaft machen müssen. Einer seiner Privatjets mit sechs Clan-Mitgliedern an Bord wurde von einem Schwarm Nano-Drohnen zum Absturz gebracht. Es gibt fast täglich Angriffe auf die mit militärischen Abwehrsystemen ausgerüsteten Luxus-Jachten. Mittlerweile werden die ‚Rache-Engel' von der KI gejagt."

„Hattest du keine Angst, als ihr bei diesem Neuseeländer wart? Wo bist du jetzt? Seid ihr wohlbehalten heimgekehrt?"

„Das sind wir. Ich sitze noch im Büro. Draußen braut sich was zusammen, ein Schneesturm mit Orkanstärken von bis zu 150 Kilometer pro Stunde. Bevor es losgeht, möchte ich bei Jamina sein. Wir müssen Schluss machen, Urgroßvater."

„Ich hoffe, in eurer Wohnung seid ihr sicher."

„Sicherheit gibt es nirgendwo auf der Welt."

Leute, baut Regenwasserzisternen!

„Ich war bei einer Fachtagung zum Thema Wasser, Filipa. Sie wurde von einer grünen Stiftung veranstaltet und stand unter dem Motto ‚Wenn alle Brünnlein fließen'."

„Ein schönes Motto, Great-Granddaddy."

„So heißt ein altes deutsches Volkslied, in dem es aber gar nicht um Wasser, sondern um den unerschöpflichen Quell der Liebe geht. ‚Wenn alle Brünnlein fließen, / So muss man trinken. / Wenn ich mein Schatz nicht rufen darf, tu ich ihm winken ... ‘"

„Habt ihr das Lied auf der Tagung gesungen?"

„Nein. Aber du hast recht, wir hätten singen sollen. Wasser kann zu einer trockenen Angelegenheit werden, wenn man stundenlang Vorträgen lauschen muss. Ich habe viel Tafelwasser und schwarzen Kaffee getrunken. Sympathisch war, dass der Umweltminister für seinen verhinderten Staatssekretär das Grußwort gehalten hat, sonst ist es meist umgekehrt. Unser Minister, der früher einmal Schauspieldirektor war, weiß, was Wassermangel bedeutet. Als er zu einem Theaterprojekt nach Burkina Faso reiste, fragte er, was sich die afrikanischen Kinder wünschen. – Na, sauberes Trinkwasser. Sie haben dann nach dem Theaterspielen eine Trinkwasser-Aufbereitungsanlage gebaut."

„Darf ich dich mal unterbrechen? Mein Chip souffliert mir gerade, wie verschwenderisch ihr mit dieser kostbaren Ressource umgeht. Ihr sprengt euren Rasen mit Trinkwasser, wascht damit eure Autos und nutzt es sogar zur Toilettenspülung!"

„Das stimmt leider. Genau darum ging es ja bei unserer Tagung. Wir verbrauchen in Deutschland pro Kopf rund 120 Liter am Tag. Nur fünf Liter davon werden getrunken."

„Was für eine Verschwendung!"

„Sag ich doch. Aber erkläre das mal den Rasenfetischisten und Hobbygärtnern. Bislang hatten wir Wasser im Überfluss. Jetzt erst, da die Pegel sinken, in manchen Regionen schon dramatisch, denken wir über Speichermöglichkeiten nach."

„Euer größter Wasserspeicher sind die Wälder."

„Ja. Aber die leiden auch gerade. Wir erleben das vierte Trockenjahr in Folge. Für dich sind unsere Sorgen wahrscheinlich Peanuts ..."

„Im Gegenteil. Ich freue mich, dass ihr die Probleme erkennt und nach Lösungen sucht."

„Deshalb haben wir doch unser Klimabündnis. Nach und nach setzt sich auch in der breiteren Bevölkerung die Erkenntnis durch, dass man etwas gegen den Klimawandel tun muss.

Leider endet die Bereitschaft meist dort, wo der Auto-Stellplatz einem Stadtbaum weichen soll. Und es darf möglichst nichts kosten. – Aber ich wollte dir von unserer Wasser-Tagung erzählen. Kennst du den Begriff ‚Schwammstadt'?"

„Urgroßvater, willst du mich veräppeln? Was eine Schwammstadt ist, lernt heute jedes Kind: Eine Stadt, die sich klug gegen Starkregen wappnet und während Trocken- und Hitzeperioden ein erträgliches Binnenklima erzeugt. Mit Hilfe von Boden-, Fassaden- und Dachbegrünung sowie integrierter Regenwasserrückhaltebecken saugt sie die Feuchtigkeit wie ein riesiger Schwamm auf und gibt sie an heißen Tagen an die Umgebung ab."
„Dein schlauer Chip?"
„Mein schlauer Kopf. Schwammstädte sind überlebensnotwendig. In manchen Metropolen hätten wir sonst im Sommer Wärmeinseln mit Temperaturen über 50 Grad. Das A und O ist die Schaffung regionaler Wasserkreisläufe, also Wiederverwendung von Brauchwasser."
„Was ich auf der Tagung noch gelernt habe, Filipa: Es gibt ‚grünes', ‚blaues' und ‚graues' Wasser. Wasser, das im Boden gespeichert ist, Wasser, das man für die Landwirtschaft und Industrie nutzt, und verunreinigtes Wasser, das vor einer Wiederverwendung aufbereitet werden muss.
Wir sollten künftig grün, blau und grau zusammen denken: die Bodenverdunstung reduzieren, Regenwasser sammeln und nicht alle geklärten Abwässer in die Flüsse entsorgen. Allein durch effizientere Nutzung, sagen die Experten, ließe sich der Wasserverbrauch um 20 Prozent reduzieren und gleichzeitig die landwirtschaftliche Produktion um 40 Prozent erhöhen. Da ist vom Sparen noch gar keine Rede."
„Schick mir die Daten, und ich gebe sie in den Computer ein."

„Stopp, Filipa! So geht das nicht."
„Das dauert höchstens ein paar Minuten."
„Erstens: Denk an den Zeitreisen-Kodex. Und zweitens: Wie soll ich die Daten beschaffen? Es ist komplizierter, als du denkst. Neulich war ich mit einem Experten in der städtischen Kanalisation unterwegs, in den Abwasser-Katakomben unter den Bürgerhäusern. Es ist ja alles hohl unter unserer Stadt. Wenn man bedenkt, dass noch bis zum Ende des 19. Jahrhunderts alle ihr Abwasser in den Rinnstein entsorgt haben ... Zum Glück stellt die Abwasserbeseitigung heute allgemein kein Problem mehr dar. Im Gegensatz zur Regenwasserrückhaltung. In den Städten fließt alles Wasser, das vom Himmel kommt, über die Kanalisation ab."
„Was wird das jetzt? Ein trockener Fachvortrag?"
„Sorry. Ich komme gleich auf den Punkt. Was wir brauchen, ist eine Neuregelung des Wasserkreislaufs."
„Ich höre dir zu, Urgroßvater."
„Du weißt, dass ich weder Umwelt- noch Wasserexperte bin. Als Reporter frage ich Spezialisten, sammle Vorschläge und Ideen. Nichts anderes habe ich beim abschließenden Podium getan. Ich sagte, dass mir nach all den Ausführungen theoretisch alles klar sei, ich aber nicht wüsste, wie es in die Praxis umgesetzt werden kann. Und führte als Beispiel unsere Stadt an. Eine wunderbar restaurierte und in ihrem Kern mittelalterliche Stadt mit Flair, sehr viel versiegelter Fläche und hohen Auflagen vom Denkmalschutz.
Wo, bitteschön, fragte ich, kann man da Regenwasserrückhaltebecken bauen? – Keine Chance, bekam ich zur

Antwort. So etwas gehe nur bei Neubauten, und dort werde es bereits mitgeplant. Ja, aber wie stark soll sich denn der alte Stadtkern noch aufheizen? Dachwohnungen sind bereits jetzt schwer vermietbar. Schulterzucken reihum.

Bevor wir abschließend zu einer Exkursion in ein Hochwasserschutzgebiet aufbrachen, lud uns die Stiftung noch zu einem dieser neumodischen Brainstormings ein.

Im Saal waren Tafeln aufgestellt, auf die wir spontan mit Filzstift Ideen notieren sollten. Als ich näher trat, hatten dort bereits einige ihre Vorschläge hinterlassen. ‚Trinkwasser aus der Leitung statt aus der Flasche', stand da. ‚Brunnenwasser nicht mehr kostenlos', ‚Wasser stärker in die Stadtplanung integrieren (Ver- und Entsorgung, Stadtklima, Naherholung)' und ‚Jeder muss bei sich anfangen'.

Ich dachte an meine Regentonnen im Garten, die sich im Sommer nicht ausreichend füllen, und dass man in den niederschlagsreichen Monaten das Wasser in einer Zisterne speichern könnte. Da fiel auch bei mir der Groschen.

‚Leute, grabt Regenwasserzisternen!!!', schrieb ich. Ich dachte mir, wenn die große Lösung nicht funktioniert, dann funktioniert vielleicht die kleinere."

„Du schlägst vor, dass jeder an seinem Haus einen Wasserspeicher anlegen soll?"

„Ja, jeder. Ganz gleich ob Hausbesitzer oder kommunaler Verwalter, meinetwegen auch im Verbund mit Mietergemeinschaften und mit der Kommune.

Warum keine Regenwasserzisternengemeinschaften?"
„Schönes Bandwurmwort! Kennt mein Chip noch nicht."
„Was ich damit sagen will: Bäume, Sträucher, Grünflächen und Rabatten könnten gewässert werden. Vitale Stadtbäume und ein angenehmes Klima vorm Haus, auf dem Hinterhof und auf öffentlichen Plätzen, das liegt doch im Interesse aller.
Vielleicht spinne ich ja auch nur, Filipa. Doch die Vorstellung, dass viele kleine Zisternen in der Summe ein großes Rückhaltebecken ergeben und die Stadt mit Gießwasser versorgen, geht mir nicht mehr aus dem Sinn.
Natürlich müsste dafür erst mal investiert werden. Doch am Ende würde es sich auszahlen. Was sagt denn dein Chip dazu?"
„Den muss ich gar nicht erst fragen. Ich bin mir auch so sicher, dass du mit deiner Idee richtig liegst, Urgroßvater."

Störfeuer der künstlichen Intelligenz

In den nächsten Tagen bleibt das Zeitfenster dunkel. Einmal flackert es kurz, und ich lese:

„Great-Granddaddy ...?“

Ich tippe eine Erwiderung, doch sie geht nicht ab.

Dafür wird der Monitor mal wieder schwarz, und die Fehlermeldung erscheint: „Verbindung unterbrochen. Versuchen Sie es erneut.“

Zehn erfolglose Versuche.

Es hat ja immer Unterbrechungen gegeben, sehr lange sogar. Doch es fällt mir zunehmend schwerer, geduldig zu bleiben, jetzt, da unser Gespräch im Fluss ist und wir uns über die App austauschen.

Endlich klappt es wieder. Filipa schreibt, dass sie ihren Bruder tagelang nicht erreichen konnte.

„Merkwürdig war, dass mir mein Chip seinen Aufenthaltsort nicht verraten wollte. Dabei sind wir im Gedankenübertragungsmodus. Erst mit Hilfe eines Freundes habe ich wieder Zugang zu ihm bekommen. Ich bin Pablo sehr dankbar, dass er unsere Verbindung noch einmal geflickt hat.“

„Ja, Filipa, auch ich weiß es zu schätzen. Übrigens habe ich über das, was mir dein Bruder vorwirft, noch einmal nachgedacht und würde gern mit ihm chatten."
„Das geht vorläufig nicht."
„Warum nicht?"
„Das darf ich dir nicht sagen. Noch nicht. Vielleicht meldet er sich demnächst von selbst bei dir. Aber da unsere Verbindung wieder steht, Great-Granddaddy, will ich die Gelegenheit nutzen, dir von meinem Ausflug zu berichten."
„Ausflug?"
„Wir waren am Pol, mitten im tiefsten Winter. Also, kalendarisch im Sommer. Ja, verkehrte Welt! Es war dunkel. Die Sonne ging nicht auf, tagelang, wochenlang. Nur ein Dämmern um die Mittagsstunden, wie ein Versprechen. Der Sonnenball schaffte es nicht über den Horizont, sein Widerschein wanderte im Halbkreis herum und sorgte kurzzeitig für fantastische Farben. Dann wieder Finsternis. Doch auch die hat ihre Reize. Was für ein Sternenhimmel! Je länger man hinaufstarrt, desto mehr Lichter tauchen aus dem Nichts auf. Fixsterne, Sterngruppen, Sternenhaufen, Galaxien – gestochen scharf wie auf dem Mars. Sorry, dass ich immer diesen Vergleich ziehe, er drängt sich mir auf, gerade jetzt, da ... (*gelöscht*) Auch nahe des Südpols gibt es keine Licht- und Luftverschmutzung, dort kannst du nur Pech mit dem Wetter haben."
„Schneestürme statt Sandstürme?"
„Genau. Wir hatten Glück, bei unserer Ankunft war es windstill. Ich sah ‚Survival' schon von weitem: ein per

Röhrengänge verbundener Gebäudekomplex, den man durch die Wetterschleuse betritt. Auch das kam mir bekannt vor. Jamina hat mich in der Station herumgeführt und ging, als sie einen Hinweis bekam, nach einer Stunde wieder mit mir raus. ‚Sieh dir das an!' rief sie. Etwas hatte sich verändert. Der Nachtvorhang war zerrissen, vor den Sternen tanzten jetzt grün leuchtende Schlieren. Magische Lichtwirbel waberten am Himmel. Ich hatte noch nie so schöne Polarlichter gesehen. Ich genoss das Schauspiel, bis mir vor Kälte die Augen tränten.
Jamina scheint der Frost nichts auszumachen. Da sie schon öfter hier war, kennt sie sich aus. In dieser Gegend hatten ja mal Vertreter aller Forschernationen ihren Stützpunkt, auch die Deutschen. Wie ein weiß-rot-schwarzes Schiff schwebt die ‚Georg-Neumayer III'-Station auf Stelzen über dem Schneemeer. Weißt du eigentlich, dass man dort Tests für Langzeit-Weltraummissionen durchgeführt hat? Man untersuchte, wie Menschen auf engstem Raum miteinander klarkommen. Die Probanden mussten komplexe Aufgaben lösen, bei denen räumliches Orientierungsvermögen und Fingerspitzengefühl gefragt waren.
Den Weltraumsimulator, mit dem man sogar Satelliten einfangen konnte, gibt es noch. Er funktioniert wie ein altes Computerspiel.
Am Abend saßen wir mit ein paar Leuten am Kamin, und ich habe den Stationsarzt gefragt, wie sie hier mit der Dunkelheit zurechtkommen. Er meinte, die meisten hätten kein Problem damit, sie seien Forscher, die für ihre Arbeit brennen. Um Depressionen vorzubeugen,

gibt es Lichtduschen und regelmäßige gesellige Zusammenkünfte. Bei Bedarf auch Yoga, Meditation und Einzelgespräche. Trotzdem kommt es vor, dass mal jemand die Kontrolle verliert. Eine Frau aus dem Bohr-Team hat letztes Jahr eigenmächtig den Stützpunkt verlassen und ist nicht zurückgekehrt.

Im Grunde, meinte der Küchenmeister, sei der Mensch für ein Leben in der Antarktis nicht geschaffen. Auch nicht für die Kolonisierung des Mars, ergänzte ich im Stillen. Aber vielleicht haben wir gar keine Wahl? Ich dachte an meinen Bruder, der gerade ... (*gelöscht*) Nein, nichts darüber. Der Arzt warf irgendwann die Frage auf, ob man nicht vielleicht doch der KI-Empfehlung folgen sollte, unser Erbgut an Dunkelheit und Kälte anzupassen, was Jamina sprichwörtlich auf die Palme brachte. Ob er von allen guten Geistern verlassen und bereit sei, das Yeti-Programm neu zu starten."

Ich tippe rasch:

„Yeti? Meinst du das Fabelwesen vom Himalaya, das angeblich mehrfach gesichtet, doch nie fotografiert worden ist?"

„Genau. Es gab die wildesten Gerüchte, doch nie einen Beweis, dass der angeblich zwei bis vier Meter große Schneemensch – die Tibeter nennen ihn auch Gang Mi, den Gletschermann – wirklich existierte. Anfang der 2090er-Jahre verletzte ein Genetiker-Team den Ethik-Kodex und versuchte, den Yeti aus Teilen des menschlichen Genoms zu erschaffen. Ein Skandal, doch zu sehen bekam die Öffentlichkeit das Schneewesen auch diesmal nicht. Die im Labor gezeugte Kreatur hatte

wohl zu wenig mit uns gemein und hauchte bald ihr Leben aus. Vielleicht ist es dem Yeti auch bereits zu heiß auf unserem Planeten. Jedenfalls wurde das Projekt auf Eis gelegt."
„Ist ja gruselig, Filipa. Doktor Frankenstein lässt grüßen."
„Meinst du die Figur aus Mary Shelleys Roman? Schauerromantik, 19. Jahrhundert ... Geradezu hellsichtig, die Frau! Künstliche Menschen sind heute leider keine Hirngespinste mehr, Urgroßvater. Die Gen-Techniker nannten ihr missratenes Geschöpf übrigens Prometheus."
„Leute, die Gott spielen wollen, gibt es zu allen Zeiten", tippe ich. „Doch wie kann es sein, dass Manipulationen am Menschen von eurer KI empfohlen werden?"
„Ganz einfach: Die Computer haben errechnet, dass sich dadurch unsere Überlebenschancen in der Antarktis deutlich erhöhen würden. Nach KI-Prognosen liegen diese derzeit bei 60 Prozent. Ich sehe das nicht so pessimistisch, weil ich überzeugt bin, dass wir es selbst in der Hand haben. Nicht Kälte und Dunkelheit sind unser Hauptproblem, sondern die Sozialisation der Geflüchteten. Und da haben wir schon viel erreicht. In A-001, unserem Kap der Neuen Hoffnung, sind wir auf einem guten Weg, Great-Granddaddy."
„Macht es dir keine Sorgen, dass die KI andere Wege priorisiert? Was genau schlägt sie vor?"
Während ich noch tippe, beginnt das Textfeld wieder zu flimmern. Die Schrift verblasst, und ich schreibe ins Nichts:
„Filipa? Bist du noch da ...?"

Pablo, der Visionär

Diesmal hat mich Pablo nicht gewarnt. Kein Wort davon, dass es auch zum Krieg im Nahen Osten kommen würde. Aber ich hätte es ahnen können, ahnen müssen. Filipa hatte mehr als nur eine vage Andeutung gemacht, als sie von Greta Thunberg erzählte.

Was bringt das neue Jahr? Einen Flächenbrand?

Es begann so, wie das alte endete, mit Dauerregen. Im Südharz lief ein Stausee voll, und das Hochwasser überschwemmte Dörfer und Felder. Die Landwirte schimpften auf das Wetter und die Regierung. Als die Temperaturen kurzzeitig in den Keller gingen, wollte sich niemand mehr erinnern, wie heiß und trocken es vor kurzem noch war. Dabei hatten wir weltweit das wärmste Jahr seit Beginn der Messungen. Die letzten zehn Jahre waren die wärmsten überhaupt. Und das neue könnte wieder heiß werden, nicht nur meteorologisch, auch politisch.

Filipa fragt, wie ich das meine.

„Die Konflikte spitzen sich zu. Weltweit sind Autokraten und Populisten auf dem Vormarsch. Auch bei uns gewinnt eine Partei, die den menschengemachten Klimawandel leugnet, immer mehr an Einfluss." Was erhoffen sich ihre Anhänger? Dass die Erderwärmung uns nicht betrifft und die Wetterextreme und Konflikte an

uns vorbeiziehen werden? Diese Blauäugigkeit und Ignoranz machen mich fassungslos.
„Und euer Klimaaktionsplan?“, fragt Filipa.
„Der ist, obwohl er den Stadtrat passiert hat, nur noch ein Randthema. Natürlich gibt es auch viele, die sich wie wir ernsthaft Sorgen machen und Maßnahmen zur Emissionssenkung und einen wirksameren Klimaschutz fordern. Hier mal eine wirklich gute Nachricht: Anhänger von Fridays for Future haben beim Bundesverfassungsgericht geklagt und Recht bekommen. Die Richter sahen es als erwiesen an, dass die Klimamaßnahmen der Bundesregierung nicht weit genug gehen und dadurch die Freiheiten junger Menschen und künftiger Generationen eingeschränkt würden. Wörtlich heißt es: ‚Die Vorschriften verschieben hohe Emissionsminderungslasten auf Zeiträume nach 2030.‘ Es muss also dringend nachgebessert werden.“
„Habt ihr den Richterspruch gefeiert?“
„Wir haben uns gefreut. Zum Feiern sehe ich keinen Anlass. Da ging kurz ein Aufschrei durch die Medien, und von den Verantwortlichen kamen die üblichen Versprechungen. Die EU-Präsidentin kündigte an, den Klimawandel „im Auge behalten“ zu wollen. Wir bewegen uns in die falsche Richtung, Filipa. Gerade wurden von der Bundesregierung beschlossene Maßnahmen für ein umweltverträglicheres Heizen und einen ökologischen Umbau der Landwirtschaft zurückgenommen. Bauern und Handwerker haben gegen die Abschaffung klimaschädlicher Vergünstigungen protestiert und kommen damit durch. Die Menschen sind voller Frust und Wut. Kaum

einer hört dem anderen noch zu. Da möchte ich gar nicht wissen, wie die Wahlen ausgehen werden. Oder doch. Natürlich würde ich es gern wissen, aber du wirst es mir nicht verraten."

„Nein, Great-Granddaddy. Trotzdem arbeite weiter an der Hoffnung. Auch wir ..."

Wieder ist die Verbindung unterbrochen.

Die Zeitfenster-App funktioniert nicht mehr richtig. Sollen wir zur guten alten E-Mail zurückkehren?

Ich warte.

Hoffnung, denke ich, ist tatsächlich eine der schwersten Aufgaben.

Soll ich meiner Urenkelin von den aktuellen Umfrageergebnissen erzählen, die zeigen, wie der Klimawandel selbst von gut informierten Zeitgenossen als etwas Vages und Fernes empfunden wird? Psychologische Distanzierung nennt sich das. 56 Prozent der Befragten glauben, dass erst künftige Generationen starken Schaden nehmen werden. 50 Prozent denken, dass hauptsächlich Menschen in Entwicklungsländern betroffen sind. 30 Prozent sehen auch ihre Landsleute gefährdet, 19 Prozent Mitbürger in der eigenen Kommune. Dass sie selbst davon betroffen sein könnten, glauben lediglich 16 Prozent.

Als das Fenster wieder aufleuchtet, tippe ich: „So geht Verdrängung, Filipa. Man schiebt die Fakten beiseite. Ich sehe darin auch eine gewisse Hilflosigkeit. Man will sich vor Einschränkungen schützen, die dadurch nur noch größer werden, wenn auch nicht sofort. Aber das weißt du als Psychologin besser als ich ..."

Einmal, es ist schon spät am Abend, leuchtet das Zeitfenster abermals kurz auf. Im Textfeld erscheinen die Worte: „Sorry, Urgroßvater, ich arbeite daran ..."

Wer? Pablo?

Am nächsten Morgen steht die Verbindung wieder, und ich lese:

„Hallo, Great-Granddaddy! Stell dir vor, ich habe es geschafft. Ich habe es hingekriegt, ich ganz allein, ohne meinen Bruder. Mit Pablos Hilfe können wir vorläufig nicht mehr rechnen. Jetzt ist er selbst für mich nicht mehr erreichbar. Aber unsere App funktioniert, im Moment zumindest. Ich weiß nicht, wie lange ... Urgroßvater?"

„Ich bin auf Empfang, Filipa. Aber verrate mir doch bitte, wo Pablo ist."

„Weit weg. Sehr weit weg. Ich hatte dir geschrieben, dass ich keinen Kontakt mehr zu meinem Bruder hatte, dass er aus meinem Gedankenmodus gelöscht wurde. Inzwischen weiß ich auch, warum."

„Ja, warum denn, um alles auf der Welt?"

„Ich wollte es erst nicht glauben. Pablo befand sich seit Monaten in der Astronauten-Ausbildung und ist jetzt bereits auf dem Weg zum Mars."

„Was? Ich dachte, das Thema wäre durch."

„Für mich ist es durch, Great-Granddaddy. Doch sie haben das Kolonisierungsprojekt wieder aufgenommen. Nach 30 Jahren gibt es neue Pläne, denn die KI hat errechnet, dass langfristig eine Besiedlung unseres Nachbarplaneten möglich ist. Und es gibt besonders unter jungen Leuten eine starke, rasch wachsende Bewegung, die auf die Erschließung ferner Welten drängt. Kennst du Elon Musk?“

„Den Verrückten von Tesla und SpaceX?“

„Verrückt? Schon möglich. Pablo nennt ihn einen knallharten Visionär. Ohne Typen wie den Apple-Gründer Steve Jobs und Musk, meint er, würden wir heute noch mit dem Faustkeil vor der Höhle sitzen und Götzen anbeten. Der Mars müsse ja nicht ewig eine Wüste bleiben. Immerhin gibt es dort gefrorenes Wasser, mit dem man unter lichtdurchlässigen Kuppeln den roten Sand in Humus verwandeln könnte. Vielleicht haben Pablos Leute sogar recht. Die Antarktis ist auch eine Eiswüste, und trotzdem versuchen wir, sie zum Blühen zu bringen.“

„Das lässt sich doch nicht vergleichen, Filipa. Oder fehlen mir wieder wichtige Fakten? Der Mars besitzt nur eine dünne, lebensfeindliche Atmosphäre. Die Kolonisten müssten in künstlichen Sauerstoffblasen leben.“

„Auch das sieht mein Bruder anders. Er sagt, dass sich laut KI langfristig frische Atemluft erzeugen lasse, und träumt von Wäldern auf dem Mars. Pablo glaubt fest daran, dass die Menschheit, um als Spezies zu überleben, unseren Planeten eines Tages verlassen wird.“

„Erzähl mir mehr von deinem Bruder. Was treibt ihn an?“

„Er hat sich den Interplanetaren angeschlossen, einer Community, die großen Zulauf erhält. Ihre Mitglieder berufen sich auf den 1996 verstorbenen amerikanischen Astronomen Carl Sagan, der schon in den 1980er-Jahren vor den zerstörerischen Folgen des Treibhauseffekts gewarnt hatte. Von ihm stammt der viel zitierte Satz: ‚Alle Zivilisationen werden zu Raumfahrern oder sie sterben aus.' Die Interplanetaren sind fest davon überzeugt, dass unsere Zukunft im All liegt. Um zu überleben, müssen wir andere Welten erobern, argumentieren sie. Es brauche Alternativen für den Fall, dass die Erde von einem Asteroiden getroffen wird oder die Menschheit sich irgendwann selbst auslöscht. Die ersten Schritte seien die Besiedelung des Mars und weiterer Gesteinsplaneten unseres Sonnensystems. Von dort würden wir uns dann zu den Sternen ausbreiten."

„Und was hältst du von diesen Ideen, Filipa?"

„In gewisser Weise verstehe ich Pablo. Er hat das Entdecker-Gen in seiner DNA. Menschen, die kein Risiko scheuen, hat es immer gegeben. Denk an Kolumbus, an Marco Polo oder an Robert Falcon Scott und Roald Amundsen mit ihrem Wettlauf zum Südpol. Und selbst wenn die Erde bewohnbar bleibt, wird sie eines sehr fernen Tages verglühen. Unsere Sonne wird immer heller und heißer. Davor kann man sich nicht schützen. Die Kontinente werden schmelzen und die Meere verdampfen. Vermutlich geschieht das erst in 3,5 Milliarden Jahren, aber muss man sich nicht selbst darauf vorbereiten? Auch wenn du das für überspannt hältst: Ich sehe meinen Bruder auf dem Mars und mich in der Antarktis auf Außenposten der Menschheit. In gewisser Weise hat Pablo mich mit seinem Tatengeist angesteckt."

„Das klingt für mich wie Science-Fiction, Filipa."

„Die Welt dreht sich weiter und weiter, Urgroßvater. Nichts bleibt, wie es ist."

„Die kleinen Monster sind in der Welt“

Als das Zeitfenster das nächste Mal leuchtet, tippe ich: „Du hast mir vom Yeti-Monster ‚Prometheus‘ erzählt, Filipa, von diesem fehlgeschlagenen Experiment. Eines musst du mir erklären. Warum rät euch die KI trotzdem, das menschliche Erbgut zu verändern?“

„Nochmal, Groß-Granddaddy: Die KI agiert rational, sie hat keine Gefühle. Wenn die Gefahr besteht, dass Hunderttausende von uns im Eis sterben könnten – und die ist leider real –, sucht sie nach Lösungen, die auch jenseits unserer Moralvorstellungen liegen. Das sind aber nur Vorschläge, die Entscheidung treffen am Ende wir. In A-001 haben wir uns einhellig gegen den KI-Vorschlag entschieden, das menschliche Genom so zu verändern, dass sich künftige Generationen an die Kälte anpassen. Nichts gegen genmanipuliertes Obst, Gemüse und Getreide, wenn es hilft, die Geflüchteten zu ernähren. Und wie du weißt, erzeugen wir auch Fleisch aus tierischen Stammzellen. Aber Experimente am Menschen? Ich ...“

Wieder flackert das Fenster.

„... will keine kälteresistenten Kinder, denen das Fell bis über die Ohren wächst ... Urgroßvater?“

„Bin noch da, Filipa.“

„Sorry, das sind Interferenzen, vor denen Pablo gewarnt hat. Unsere Verbindung kann jeden Moment zusammenbrechen. Was ich dir noch sagen will: Niemand in A-001 befürwortet die Erschaffung einer neuen hominiden Spezies. Wir sind keine ... Frankensteins."

Filipas Worte hüpfen von einem Textfeld zum nächsten. Offenbar lässt der Zeitkorridor nur noch Bruchstücke durch.

„Wir haben ... das Kap der ... Neuen Hoffnung gegründet, weil wir ... an ... die antarktischen Wälder ... glauben. Wir ... pflanzen weiter ... Bäume ..."

Ich warte, bis das Beben vorüber ist. Eine Frage liegt mir besonders am Herzen:

„Am Kap der Neuen Hoffnung", tippe ich, „stellt ihr euch gegen das Experiment. Besteht die Gefahr, dass jemand das anders sieht und der KI-Empfehlung folgen könnte?"

„Hat dir Pablo nichts gesagt?"

„Was soll er denn gesagt haben?"

„Na, dass es bereits passiert ist."

Mir stockt für einen Moment der Atem.

„Was? Was ist passiert, Filipa?"

„In A-009, der Stadt der Jugend, haben sie alle Skrupel abgelegt und mit Hilfe einiger Oligarchen ein neues Yeti-Projekt gestartet. Dort gibt es bereits die ersten Brutstationen für Kältekinder.

Stell dir vor, dort wachsen Menschenwesen heran, die, wie Kiri sich ausdrückt, das Eis anbeten. Sie sollen Kräfte und Fähigkeiten besitzen, mit denen sie sich an lebensfeindliche Umgebungen anpassen."

Ich weigere mich zu glauben, was ich da lese. Züchten sie jetzt den Übermenschen, der selbst auf dem Mars leben kann?
„Ich hoffe", tippe ich rasch, „dass sich das Experiment noch stoppen lässt."
„Zu spät, Urgroßvater, die kleinen Monster sind in der Welt! Es ist nur eine Frage der Zeit, bis sie ihr Zuhause, das streng abgeschirmte Labor, verlassen."
„Und dann?"
„Dann gnade uns ... ja, wer? Gott? Niemand weiß, wie sich die Kältekinder uns gegenüber verhalten werden."
Kältekinder, Gott, Oligarchen ... Ich spüre, wie mir die Ratlosigkeit in die Handwurzeln kriecht. Meine Finger verharren auf der Tastatur.
Ich muss meiner Urenkelin antworten, nur wie?
Was bedeutet das für die Nachkommen im 22. Jahrhundert, wenn eine Spezies auf den Plan tritt, der weder Dunkelheit noch Kälte etwas anhaben können und die den rationalen Vorgaben der KI folgt? Werden Filipa und Jamina über Kurz oder Lang ausgebootet, da nicht effizient genug? Der überflüssige Mensch ... – das hatten wir doch schon mal. Übernehmen am Ende KI-gesteuerte Oligarchen das Kommando?
An meinem inneren Auge ziehen düstere Szenarien vorbei, wie ich sie aus Science-Fiction-Filmen kenne: auf paradiesischen Inseln lebende Eliten, und der Rest der Menschheit vegetiert in von Mauern und Stacheldraht gesicherten Reservaten vor sich hin.
Soll das die Zukunft der Zukunft sein? Besorgt schreibe ich: „Ihr müsst euch wehren, Filipa! Wie konnte es

überhaupt so weit kommen? Habt ihr die Kontrolle abgegeben?"
„Nein, Great-Granddaddy, das haben wir nicht. Die KI ist zwar ein selbstlernendes System, aber so programmiert, dass sie nie gegen unseren Willen handelt. Es sei denn, jemand programmiert sie um. Offenbar haben die jungen Leute in A-009 genau das getan. Sie haben KI-Steuerkreise isoliert und klammheimlich umgepolt. Keine Ahnung, wie sie das geschafft haben. Die Frage ist: Was können wir jetzt noch dagegen tun? Sollen wir gegen unsere Söhne und Töchter zu Felde ziehen und die Geburtsstationen in A-009 vernichten? Schon ein Cyber-Krieg würde unsere gesamte Infrastruktur lahmlegen. Das wäre das Todesurteil für alle."
Ich fühle mich überfordert, weiß keinen Rat. Offenbar geht es meiner Urenkelin ähnlich.
„Können wir uns darüber morgen weiter austauschen, Urgroßvater? Ich brauche dringend eine Pause."
„Klar. Auch ich muss das erst mal überschlafen."
„Na dann, gute Nacht!"
„Gute Nacht, Filipa."
Das Zeitfenster erlischt nicht. Es leuchtet weiter.
Ich spüre, dass ich heute Nacht keinen Schlaf finden werde. Zögernd beuge ich mich wieder über meinen Laptop und tippe:
„Filipa?"
„Ja?"
„Wie war das doch gleich mit der Hoffnung?"
„Wir geben nicht auf, Great-Granddaddy. Bisher haben wir immer eine Lösung gefunden. Morgen habe ich einen

interplanetaren Chat mit Pablo. – Willst du zum Schluss noch etwas Schönes erfahren?"

„Unbedingt!"

„Ich komme gerade von einem Fest. Wir haben in der ‚Survival'-Station Mittwinter gefeiert, die längste Nacht des Jahres liegt hinter uns. Ab jetzt wird es wieder mit jedem Tag ein bisschen heller.

Das Robben-Quartett spielte die ‚Morgenstimmung' von Edvard Grieg, und der Stationsarzt hielt eine launige Rede. Du glaubst nicht, wie selbst die verkapselten Eigenbrötler unter den Pol-Bewohnern aufgetaut sind. Der Koch hatte ein üppiges Büffet aufgebaut. Es gab im Labor gezeugten Lachs und Oktopus, dazu Algensalat und frisches Gemüse aus dem Gewächshaus. Wer keinen Fisch mochte, konnte zwischen Schneehuhn und Rentier wählen, gleichfalls aus der Retorte. Dann legten die ‚Robben' richtig los. Jamina forderte mich zu einem Tänzchen auf, und während sich alles um mich drehte, fielen die Sorgen von mir ab.

Du weißt, wie sehr ich das Tanzen liebe. In A-001 finden demnächst die ersten antarktischen Meisterschaften statt. Jamina und ich treten im Paar-Wettbewerb an. Es geht nicht um Höchstleistung und Perfektion, sondern um die reine Lebensfreude. Der Elegantere, Charmantere, Flottere, Gewitztere gewinnt. Es gibt auch einen Preis für die verrücktesten Kostüme. Drück uns die Daumen, Grand-Great ..., pardon, Great-Granddaddy!"

„Das tu ich, Filipa."

„Oh, ich bin noch leicht beschwipst. In den Tanzpausen tranken wir ausnahmsweise Alkohol. In der Neumeyer-

Station hatte jemand eine Kiste mit kubanischem Rum aufgetrieben. Stell dir vor, im Vollrausch habe ich Jamina einen Heiratsantrag gemacht, worüber sie sich vor Lachen ausgeschüttet hat. Die Ehe ist ja abgeschafft. Als die Dämmerung anbrach, spielte die Kapelle einen Tusch, und wir liefen ins Freie. Sektkorken knallten, Leuchtraketen zerstoben am Himmel. Wir lagen uns alle in den Armen. Erst später ... kehrte der Gedanke an die ... Kältekinder ... zurück. Die Sorge hielt uns wach. Wir müssen ... A-009 abriegeln, sagte ich. Jamina erwiderte, dass es dafür ... zu spät sei. Unsere einzige Chance ... besteht ... darin, mit ... der KI ...“

Der Text wird immer holpriger und bricht schließlich ab.

„Filipa?“

Das Zeitfenster flackert.

Ich wiederhole meine Frage, bis es erlischt.

Anfrage

„Verbindung unterbrochen. Versuchen Sie es erneut."
Das ist mein neues Mantra.
Natürlich habe ich es wieder und wieder versucht, anfangs täglich, dann wöchentlich und in immer größeren Abständen. Schließlich nur noch einmal im Jahr, an Filipas Geburtstag.
Das Zeitfenster hat sich nicht wieder geöffnet.
Doch ich will nicht klagen. Ich hatte das Glück, meine hundert Jahre nach mir geborene Urenkelin kennenzulernen und sie ein Stück zu begleiten. Ich weiß, dass es Filipa gibt, geben wird. Diese Gewissheit hilft mir, bei all den Krisen, die wir gegenwärtig durchmachen, nicht die Zuversicht zu verlieren. Sie hilft letztlich auch bei der Umsetzung des Klimaaktionsplans für meine Stadt. Auch wenn das vielleicht nur ein Tropfen auf den heißen Stein ist, hat das Leben einen Sinn und der heißt Zukunft. Was Filipa tut, um Klimaflüchtlingen eine neue Heimat zu geben, erfüllt mich mit Stolz und beschämt mich zugleich. Weil wir weniger tun, als wir tun könnten.
Was wird in 500 Jahren sein? Immer wenn der Evergreen „In The Year 2525" im Radio dudelt, denke ich:

Wir wissen es nicht. So weit reicht nicht mal unsere Fantasie. Aber was in 30, 50 oder 80 Jahren sein wird, lässt sich, teilweise zumindest, erahnen. Man braucht nur die gegenwärtigen Prozesse in die Zukunft zu verlängern.
Da sich unser Zeitfenster nicht mehr öffnet, werde ich wohl nie erfahren, warum meine Urenkelin so plötzlich verstummt ist und auch mein Urenkel Pablo sich nicht mehr meldet.
Hat die KI unsere Verbindung gekappt? Oder ist Filipa am Kap der Neuen Hoffnung etwas zugestoßen?
Die Eis-Kinder gehen mir nicht aus dem Sinn. Der neue Yeti. Wird sich diese künstlich geschaffene, Kälte liebende Kreatur eines Tages um den Südpol ausbreiten? Und falls ja, wie lange wird sie es dort aushalten? Selbst in der Antarktis steigen die Temperaturen ...
Ich möchte so gern wissen, ob tatsächlich wieder antarktische Wälder wachsen.
„Hallo, Filipa?“
„Verbindung unterbrochen. Versuchen Sie es erneut“.
Ich versuche es doch!
Wieder und immer wieder.
Heute hat meine Urenkelin Geburtstag. Doch meine Glückwünsche gehen nicht ab. Und „FilipaQ2057“ meldet sich nicht mehr.

Jahre später – ich habe meine Gewohnheit nicht aufgegeben, noch hin und wieder nach der Zeitfenster-App zu schauen – landet doch noch eine Nachricht mit diesem Absender auf meinem Laptop.

Nein, nicht in der App. In meinem alten E-Mailordner. Leider ist das Programm inzwischen so veraltet, dass ich sie nicht mehr öffnen kann.
Ich bitte einen IT-Experten, den Text für mich zu extrahieren. Mein Herz schlägt höher und meine Hand zittert, als die Botschaft endlich auf dem Schirm erscheint. Sie stammt nicht von Filipa. Auch nicht von Pablo.
Staunend lese ich:
„Hallo, ich heiße Malou und bin 17 Jahre alt. Du bist überrascht, von mir Post zu erhalten, nicht wahr, denn du kennst mich nicht. Ich weiß, dass du Kontakt zu meiner Großmutter hattest. Oma Filipa ist mit 126 Jahren gestorben."
Mein erster Gedanke: Schon wieder ein Zeitsprung!
Mein zweiter: Filipa ist sehr alt geworden und hat doch noch ein Kind bekommen ... Und später eine Enkeltochter namens Malou.
„Deine Mailadresse habe ich in einem verschlüsselten Teil ihres Nachlasses entdeckt", schreibt mir Malou, „wo auch all eure Briefe und Chat-Nachrichten abgespeichert sind. Ich habe überlegt, ob mich das was angeht. Meine Eltern meinten, ich solle die Finger davonlassen, so ein Informationsaustausch durch die Zeiten sei riskant. Aber muss man in diesem Fall auf die Erzeuger hören? Schon die Betreff-Zeile ‚An meinen Urgroßvater' hat mich neugierig gemacht. Ich wollte wissen, was ihr beide, Oma Filipa und du, euch zu sagen hattet."
Erneut halte ich beim Lesen inne und atme tief durch. Wenn wirklich stimmt, was da steht – und ich finde nach alldem, was ich mit Filipa erlebt habe, keinen

Grund mehr, daran zu zweifeln –, ist meine Urenkelin 2183 gestorben.
Aus welchem Jahr stammt dann diese Mail?
Zwar seien alle Fenster in die Vergangenheit versiegelt worden, schreibt Malou weiter, trotzdem habe sie an der KI vorbei einen Weg gefunden, mich zu kontaktieren. „Den entscheidenden Hinweis gab mir Großonkel Pablos Avatar. Es existieren immer noch Reste eures alten, Mitte des 21. Jahrhunderts abgeschalteten Datennetzes, das ihr Internet nennt. Wenn du einverstanden bist, können wir die geheimen Kanäle für einen Gedankenaustausch nutzen. Zum Beispiel könnte ich berichten, was aus Oma Filipas Kap der Neuen Hoffnung geworden ist.
Bestimmt möchtest du auch wissen, wie es in der Antarktis und in anderen Teilen unserer Welt weitergeht und was Pablo mit seinen Leuten auf dem Mars erreicht hat. Dann antworte mir einfach. Deine Ururenkelin."

ANHANG

Anmerkungen

Während ich an „Wovon träumst du, Filipa?“ schrieb und im zweiten Teil des Manuskripts meine Urenkelin mit Klimaflüchtlingen in die Antarktis schickte, erschien im Buchhandel die Übersetzung des Science-Fiction-Romans „Kälte“ von Tom Rob Smith (Heyne Verlag, München 2023). Ihm verdanke ich die Idee von den mittels Gen-Manipulation gezeugten kälteresistenten Kindern, die ich auf meine Art weitergesponnen habe.
Die Zitate aus Jürgen Kuczynskis „Dialog mit meinem Urenkel – Neunzehn Briefe und ein Tagebuch“ entnahm ich der im Aufbau-Verlag erschienenen 5. Auflage (Berlin 1985), die aus „Fortgesetzter Dialog mit meinem Urenkel – Fünfzig Fragen an einen unverbesserlichen Urgroßvater“ der bei Schwarzkopf & Schwarzkopf, Berlin, erschienenen Ausgabe von 1996.
Daniil Granin wird zitiert nach „Das Jahrhundert der Angst. Erinnerungen“, Verlag Volk und Welt, Berlin 1999.

Mein Manuskript „Wovon träumst du, Filipa?“ habe ich im Juli 2024 abgeschlossen. Ich bin gespannt, was nach Erscheinen des Buches unter Science-Fiction und was unter Realität einzuordnen sein wird.

Frank Quilitzsch

Literaturempfehlungen

Marie-Luise Wolff: 2,8 Grad. Endspiel für die Menschheit. Westend Verlag, Neu-Isenburg 2023.

Mojib Latif: Klimahandel. Wie unsere Zukunft verkauft wird. Herder-Verlag, Freiburg im Breisgau 2024.

David Wallace-Wells: Die unbewohnbare Erde. Leben nach der Erderwärmung. Ludwig-Verlag, München 2019.

Bill McKibben: Die taumelnde Welt. Wofür wir im 21. Jahrhundert kämpfen müssen. Karl-Blessing-Verlag, München 2019.

Harald Lesch/Klaus Kamphausen: Die Menschheit schafft sich ab. Die Erde im Griff des Anthropozän. Verlag Komplett-Media, München 2017.

David Christian: Zukunft denken. Die nächsten 100, 1000 und 1 Milliarde Jahre. Aufbau-Verlag, Berlin 2022.

Gaia Vince: Das nomadische Jahrhundert. Wie die Klima-Migration unsere Welt verändern wird. Piper-Verlag, München 2023.

Lars Jaeger: Supermacht Wissenschaft. Unsere Zukunft zwischen Himmel und Hölle. Gütersloher Verlagshaus, München 2017.

James Lawrence Powell: 2084. Eine Zeitreise durch den Klimawandel. Quadriga Verlag, Köln 2020.

Friederike Otto: Wütendes Wetter. Auf der Suche nach den Schuldigen für Hitzewellen, Hochwasser und Stürme. Ullstein-Verlag, Berlin 2020.

Elizabeth Kolbert: Wir Klimawandler. Wie der Mensch die Natur der Zukunft erschafft. Suhrkamp-Verlag, Berlin 2021.

Luisa Neubauer/Dagmar Reemtsma: Gegen die Ohnmacht. Meine Großmutter, die Politik und ich. Tropen-Verlag, Stuttgart 2022.

Luisa Neubauer/Bernd Ulrich: Noch haben wir die Wahl. Ein Gespräch über Freiheit, Ökologie und den Konflikt der Generationen. Tropen-Verlag, Stuttgart 2021.

Bill Gates: Wie wir die Klimakatastrophe verhindern. Welche Lösungen es gibt und welche Fortschritte nötig sind. Piper Verlag, München 2021.

Das Klima-Buch, herausgegeben von Greta Thunberg. S. Fischer-Verlag, Frankfurt am Main 2022.

Walter Isaacson: Elon Musk. Die Biografie. C. Bertelsmann-Verlag, München 2023.

Im Verlag Tasten & Typen erschien 2021 vom Autor Frank Quilitzsch

„Wilhelm, wie sieht der Wald wieder aus!" – Ein Jahr unterwegs mit Thüringer Förstern und Baumforschern

„Wilhelm, wie sieht der Wald wieder aus!" – Diesen Satz hört Forstamtsleiter Bernd Wilhelm immer häufiger. Wir kennen die Schlagzeilen, doch wie berechtigt sind die Sorgen?

Frank Quilitzsch will es genau wissen und streift ein Jahr lang mit Thüringer Förstern und Baumforschern durch die Reviere. Er trifft die Zapfenpflücker in der Samendarre, geht mit Hatz auf die Jagd und verbringt Tage und Nächte im Nationalpark Hainich. Der Besuch im Friedwald stellt unausweichliche Fragen und bei Oberhof geben alte Fichtendamen Auskunft über ihr Überleben. Ein 90-jähriger Landwirt lädt zur Spritztour ein und erzählt die Geschichte seines Familienwaldes. Klimaexperten, Ranger und die Umweltministerin – was fordern sie im Umgang mit der Natur?

Der Autor schrieb das Kultbuch „Dinge, die wir vermissen werden". Müssen die Thüringer Wälder eines Tages in die Sammlung mit aufgenommen werden?

Fadengeheftete Klappenbroschur

346 Seiten, 24 Farbseiten

ISBN 978-3-945605-48-6

Preis: 16,80 Euro

Für den Druck dieses Titels wurde
FSC-zertifiziertem Papier benutzt,
umgesetzt von einer
FSC-zertifizierter Druckerei.

Die Deutsche Nationalbibliothek verzeichnet diese Publikation in der Deutschen Nationalbibliografie; detaillierte bibliografische Daten sind im Internet abrufbar über: http://dnb.dnb.de

Impressum

1. Auflage 2024

Coverdesign: Irene Repp, https://daylinart.webnode.com
Bildrechte: © Travel Wild - stock.adobe.com

Druck und Bindung: Druck- und Medienservice Jörg Winge, Weimar

ISBN 978-3-945605-57-8